¡TODO INCLUIDO!

Cómo Ser Feliz
Cuando El Dolor y Los Desafíos
Forman Parte De La Experiencia

MARÍA MONTERO

¡Todo incluido!

Edición: www.triunfacontulibro.com

Maria Montero: https://legadosbymariamontero.com/contacto/

A mi abuela María por siempre haber sido ella misma.

A mi abuela Meche por haber vivido con mística.

A mi madre por enseñarme a vivir sin miedo.

A mi padre por mostrarme que se puede confiar.

A mis hermanos por su complicidad.

A mis sobrinos por su bulla y alegría

A mi amado esposo por ser mi espejo

Y a mí adorada hija, por recordarme cada día:

Que vinimos a ser nosotros mismos, a aprender y a disfrutar de esta experiencia.

¡Gracias por estar en mi vida!

INTRODUCCIÓN

Después de realizarme unos exámenes de salud rutinarios en el 2011, como preparación para ser madre y debido a ciertos antecedentes familiares, mi doctora solicitó unas pruebas adicionales de anticuerpos, los cuales salieron positivas y representaban la probabilidad de tener una enfermedad autoinmune. Sin embargo, sin mostrar síntomas y dado que algunas personas sanas también presentan el mismo resultado, fue en aquel momento solo informativo.

Con los años, los síntomas fueron manifestándose y fue así como empezaron los primeros brotes de la enfermedad, que, aunque leves, tuvieron una afectación suficiente para replantearme lo que significaba tener este padecimiento y comprender la manera en la cual podía impactar mi vida; notando además que mis pensamientos y emociones tendrían gran relevancia en cómo viviría en adelante con esta afección. Después de muchos estudios fui diagnosticada con lupus, enfermedad autoinmune, crónica e incurable que para fortuna en mi caso tiene pocas probabilidades de afectar órganos vitales; pero presenta una considerable afectación de mi calidad de vida.

Aunque dicha noticia fue inesperada e impactante, traté de no amilanarme, me informé, aprendí sobre la enfermedad y supe entonces que de nada me serviría victimizarme y por el contrario debía tomar responsabilidad, siendo así parte activa para lograr mi bienestar declarando que esta dolencia no me iba a detener para vivir mi vida a plenitud, pero siendo consciente que debía empezar a llevar un estilo de vida diferente para evitar el estrés nocivo que dispara brotes de la enfermedad.

Aprendí entonces a convivir con el dolor, la fatiga crónica y la falta de energía, que en mi caso personal fue lo más difícil de asimilar porque siendo una persona joven mi cuerpo empezó a dejar de responderme, pero al vivir en la incertidumbre de no saber si mañana tendré la suficiente energía para hacer lo que deseo hacer, me olvidé de aplazar lo realmente importante, dando total prioridad a las piedras angulares de mi vida.

Aunque suene incomprensible, hoy doy gracias a mi enfermedad, porque descubrí que hay una bendición detrás de cada problema y que una vida maravillosa tiene poco que ver con los que creemos que nos hace falta para ser felices, los muchos o pocos bienes materiales que tengamos o los acontecimientos externos que suceden, sino que depende totalmente del sentido y el valor que nosotros damos a nuestra existencia. Estar en paz, encontrando a diario el equilibrio se hizo entonces una premisa vital, certeza que ha provocado en mí una verdadera revolución, que me permitió tomar el mando de mi vida con una plena presencia en ella.

Enseñanzas que hoy resumo en este libro, que he extrapolado a todos los aspectos de mi existencia y que me hacen querer ser cada día la mejor y más auténtica versión de mí misma, comprendiendo que no solo mi salud, sino en general mi bienestar y plenitud dependerá de mi capacidad de encontrar el balance momento a momento.

¿POR QUÉ ESCRIBÍ "TODO INCLUIDO"?

En principio, este libro lo escribí para mí misma porque es lo que debo recordar cada día de mi vida, se divide en 4 capítulos en los cuales describo el proceso a través del cual sigo aprendiendo a vivir, no a pesar de los desafíos, sino a causa de ellos; transformación a través de la cual hoy puedo identificar y ser consciente de los patrones de pensamiento, actitudes, comportamientos y reacciones que me mantenían atada a una programación mental limitante, impidiéndome ser yo misma y disfrutar de una existencia plena.

Entendiendo que para lograr paz interior y fluir armoniosamente con la vida, lo único que debemos cambiar es a nosotros mismos, ya que de lo contrario nuestra existencia será una serie de reacciones repetitivas condicionadas por nuestras memorias que siempre arrojarán el mismo resultado y atraerán las mismas personas y circunstancias a nuestra vida.

Este libro no pretende ser una respuesta a nada, pues mi experiencia no es una respuesta, es la narrativa de mi vida a través de la vivencia de una enfermedad que puede ser interpretada de diferentes maneras y es precisamente allí donde este relato le puede ser útil, en la medida en que le inspire a replantearse la manera como se ve así mismo, la forma en la cual percibe las circunstancias de su vida y el modo en el cual lidia con las emociones que le producen las diversas situaciones y personas que hoy considera molestas, desagradables o problemáticas en su existencia.

Así es como al contarle mi travesía no pretendo convencerlo de nada, ya que no soy una experta, ni una gurú, no hay un secreto a revelar, ni he creado un método a seguir paso a paso que le prometa rápidos resultados, sin embargo, es mi intención que al finalizar la lectura tenga la absoluta certeza de que al igual que yo, una mujer común con una existencia convencional, usted también puede encontrar su camino y tomar las decisiones que lo lleven hacia el logro de una vida en equilibrio y desde ese estado de serenidad, realización, plenitud y gratitud empiece a crear la existencia extraordinaria que sueña.

Para ello usted puede leer este libro en el orden que desee, ya que por la manera de presentarlo, puede ir y venir de un capítulo a otro, ya sea que elija enfocarse en mi proceso de vida o en cómo aplico ciertas técnicas que pese a no ser nuevas le mostrarán una manera sencilla de incorporarlas en su rutina, o si lo prefiere, puede saltar a la última parte para ver cómo al simplificar su vida puede atraer claridad y paz mental a su existencia. Así mismo, usted puede elegir leerlo por partes o todo a la vez, tal como lo sienta y sea su deseo.

ÍNDICE

CAPÍTULO 1
¡LA PURGA!

Como muchas personas busqué el éxito a través de la consecución de un empleo que me garantizó durante muchos años un salario privilegiado, una carrera prometedora y abundancia material, inmersa en lo que creía era una vida normal. Sin embargo, sentía que el día a día se me escapaba y solo transcurría entre miles de pendientes, quehaceres, el estrés, el agotamiento y la ira, con una sensación de insatisfacción que se exteriorizaba en una queja permanente.

Adicionalmente, toda mi atención estaba centrada en todo lo que me hacía falta o no había alcanzado, proyectando mis pensamientos siempre al futuro, lo que me llevaba a no vivir y negar el presente por lo que aquello que no tenía se suponía me iba a permitir ser o lograr. Con pocos espacios donde sentía una profunda paz y felicidad donde nuevamente lograba conectar con mi esencia y la vida fluía de otra manera; instantes que no sabía cómo mantener en el tiempo.

Sin embargo, en mi búsqueda por un mayor bienestar creía que todo se resumía a la falta de tiempo, por lo cual empecé entonces a explorar revolucionarios métodos de organización y gestión del tiempo; pasaba así largas jornadas organizando mi agenda, mi oficina, mi casa, compraba miles de artilugios que se suponía me ayudarían en la tarea de mejorar mi productividad personal y dar espacio en mi día a día para disfrutar de esos momentos que yo consideraba plenos y felices, sin embargo, aquello solo solucionaba momentáneamente la situación pero a la larga solo aumentaban la frustración al no lograr el anhelado objetivo.

Hasta que la vida abruptamente me dio la oportunidad de vivir un año sabático, pues mi esposo ganó una beca para realizar estudios en el exterior y yo logré una licencia en mi trabajo; en lo que yo considero un antes y un después ya que ese año marcó mi vida para siempre al desvirtuar todo lo que yo creía era la felicidad, el éxito y vivir bien.

Vivimos en una de las ciudades más caras del mundo con una tercera parte de lo que en ese momento era nuestro ingreso y en un diminuto aparta estudio. Para mi sorpresa no solo logramos ahorrar, sino que viajamos y asistimos a eventos culturales, sociales y deportivos como nunca antes, realmente disfrutamos plenamente la vida con unos recursos bastante limitados y tuve la misma sensación de vida plena que tenía en aquellos cortos lapsos de tiempo, donde en ese estado de tranquilidad y balance pude ver todo desde una nueva perspectiva.

Al saber que nuestro tiempo en el lugar era limitado, toda nuestra concentración estaba en disfrutar el momento, viajar, conocer, aprender, comer, estudiar, leer, compartir con los entrañables amigos que allí conocimos, vivir conscientemente, empezando a aprender cómo vivir en el presente, ya que el pasado no era relevante entonces, ni el futuro fue una preocupación.

Además de que nuestra estadía era temporal, nuestro espacio era muy limitado, por lo tanto, solo adquirimos los objetos y la ropa que realmente necesitábamos y que nos aportaban valor, disfrutando de un espacio armonioso y acogedor que demandaba muy poco para estar siempre prolijo, liberando así el tiempo para disfrutar de otras experiencias.

Sin embargo, al regresar a mi país, me esperaban nuevos aprendizajes, ya que fui diagnosticada con lupus, que, si bien es controlable, no tiene cura y pocos años más tarde, mi esposo había sido expatriado y me encontraba viajando a un nuevo país junto con mi hija aún pequeña, cambiando por completo mi función de vida y abandonando todo lo que para mí era seguro y conocido hasta ese momento.

Sucesos que junto con mi afección fueron el detonante entonces de un proceso de autoconocimiento y transformación que aún hoy continúa y que empezó estratégicamente por concentrar totalmente mi atención en permanecer en un estado de balance como pilar fundamental de una vida plena, empezando por eliminar todo aquello que me desenfocara de lo realmente importante, pues con unos niveles de energía limitados, qué sentido tenía mantener en el tiempo actitudes, comportamiento, sentimientos y reacciones que automáticamente se volvieron fútiles y que podrían ser el factor detonante de mi enfermedad.

EL PERFECCIONISMO

Muchos años de mi vida los pasé creyendo que el perfeccionismo era una de mis cualidades, había adquirido unos hábitos en mis rutinas diarias que así lo confirmaban y era el personaje que representaba a diario y con el cual me sentía identificada, rígida en mi pensamiento, muy crítica conmigo misma y con los demás, incansable, implacable y fácilmente irritable.

Sin embargo, crecí en una cultura donde se nos preparaba, se nos comparaba permanentemente y se nos educaba para la perfección, que, aunque sabemos que no existe, inconscientemente tenemos muy arraigada en nuestro subconsciente colectivo y nos hace pasarla muy mal, sobre todo por nuestra pésima relación con el error, que nos lleva a autocriticarnos, desconfiar de nosotros mismos y creer que no somos suficientemente buenos tras un fracaso, afectando así nuestra autoestima.

Empero, bajo todas las pautas de nuestra sociedad se podría considerar que este personaje me traía muchas satisfacciones, a través de logros impecables alcanzados en el ámbito personal, laboral y económico, llegando a concluir desde estos parámetros que tenía una vida muy exitosa.

Pero en realidad, el perfeccionismo era uno de los ladrones de la paz en mi vida, pues pese a que en nuestra sociedad se fomente la competitividad y se celebre la perfección, que no tiene nada malo en sí, el perseguir ser perfecta es absolutamente innecesario, ya que no tiene sentido alcanzar la excelencia a costa de la felicidad, pues a la larga esto me dejaba con una sensación permanente de insatisfacción, viviendo con un sentimiento negativo de enfado que afloraba ante la más mínima provocación y drenaba mi energía diariamente.

Así y contrario a lo que se podría pensar, ser perfeccionista me arrastraba además a la improductividad, ya que en mi mente era claro que quería alcanzar el resultado pero solo aceptaba el resultado "sin errores", por lo cual tomaba más tiempo en la ejecución de una tarea, sacrificando el tiempo para otras que podían tener igual grado de importancia, tendía a no delegar y evitaba trabajar en equipo, ya que no confiaba en que los demás también podían hacer un buen trabajo.

En adición, el perfeccionismo me llevaba además a querer controlarlo todo, hasta el más mínimo detalle, con lo cual vivía una vida a medias, ya que gran parte de mi tiempo transcurría planeando exhaustivamente cada paso a seguir, lo que en la práctica me generaba una gran carga de temor y angustia respecto al futuro, por esta actitud permanente de querer controlar lo incontrolable y por la incertidumbre de que las cosas no salieran de acuerdo con lo esperado.

Por supuesto todas mis expectativas las definía desde mi gran ego, el qué, cómo, cuándo y dónde deberían suceder las cosas y me limitaba a ver la situación solo desde mis percepciones, creencias y juicios, negándome a ver el panorama completo de oportunidades que tenía a la mano.

Sin embargo, llegó la enfermedad, y con ella tuve que aceptar que vivimos en la incertidumbre y que no controlamos nada externo en la vida, que, aunque tenemos expectativas, las certezas y seguridades no existen a excepción de la muerte y que lo único que podemos hacer es tomar la decisión de ser responsables por nosotros mismos, ya que nuestras actitudes y acciones serán lo único que podremos controlar y cambiar si queremos una realidad diferente.

Fue entonces, que al abrazar la incertidumbre como parte de mi cotidianidad, poco a poco me fui liberando del sentimiento de ira cuando los acontecimientos no sucedían de la manera como los había planeado y esperado, asumiendo con mejor actitud cualquier circunstancia adversa e imprevista que se me presentaba, sin engancharme al evento con emociones como el resentimiento, la rabia o el sufrimiento frente al hecho.

El desapego a las expectativas fue entonces un largo proceso que tuvo como resultado una decisión consciente de estar y centrar por completo mi atención en el momento presente, aceptándolo y fluyendo con él sin resistirlo y desde la profunda paz interna que esta decisión me generó, actuar con verdadera espontaneidad, ya que pude entender que la incertidumbre daba paso a lo inesperado que me permitía experimentar la aventura de lo nuevo, manteniéndome en un estado de apertura ante las oportunidades.

Con esta comprensión, lejos de abandonar mis objetivos, lo que dejé ir fue el apego a esas expectativas particulares, originadas en rígidos planes con las cuales había definido cómo debía ser mi vida y abrí mi mente a ver las infinitas posibilidades que existen para lograr cumplir los sueños.

Romper este patrón de perfeccionismo y control fue de suma importancia para la gestión equilibrada de mi existencia, ya que solo podemos ver el mundo desde dos perspectivas, desde la creencia de que controlamos el exterior o desde la humildad para entender que aunque podemos tener propósitos y definir las piedras angulares de nuestra vida, no controlamos lo que sucede y que cuando se presentan eventos que no nos gustan solo tendremos opción de cambiarlos si podemos hacerlo, apartarnos de la situación o aceptarlos plenamente.

Desde esta aceptación, que no se debe confundir con el conformismo y la resignación, pude reconocer que no está en mis manos cambiar una situación, pero sí interiorizarla plenamente y elegir conscientemente no malgastar el tiempo al resistir y sufrir, con acontecimientos que me anclaban al pasado y en su lugar enfocarme en las opciones disponibles en el presente para trascenderlas a través de la acción, empezando de esta forma a dejar por fin a un lado la perfección.

Acción que no fue fácil emprender, pues aunque ser perfeccionista muchos lo podamos relacionar con la determinación, y el control con la organización y la planificación, en mi caso, el extremismo de todo o nada, me llevaba a posponer las tareas, ejecutándolas únicamente cuando creía que tenía las capacidades suficientes, los recursos necesarios o las circunstancias ideales para ejecutarlo libre de errores; y si dicha coincidencia no se llegaba a presentar, el miedo al fracaso me paralizaba a tal punto de que en muchas ocasiones, nunca lo hacía, lo que a la larga tenía un efecto nefasto al no cumplir muchos de mis sueños.

Mientras que hoy, al decidirme a tomar acción, evito postergar lo que necesito hacer, superando mi miedo a fallar, obligándome a salir de mi zona de confort y descubriendo que tras el temor se esconden mis más profundos deseos. Actuar para mí ahora, es reconocer que la perfección no existe, que no controlo lo que sucede y al aceptar esto, pongo de paso el freno a mi voz interna que me dice todo el tiempo que los errores son fracasos, cercena mi autoestima y mata mi motivación.

De esta manera, al identificar aquellas circunstancias donde sale a relucir mi perfeccionismo y mi faceta controladora; hoy soy consciente de lo absurdo que puede llegar a ser, mi parámetro de exigencia cambia y mi necesidad de enjuiciar, criticar y buscar culpables en los demás y en las situaciones disminuye y con ello, dejo igualmente de enjuiciarme, criticarme y culparme tan duramente, siendo más benevolente conmigo misma.

Al actuar a pesar del profundo miedo que me da fallar, es la única forma que encontré de abrazar el error como el mejor medio de aprendizaje, aceptando que puedo equivocarme y superarlo; fortaleciendo así mi resiliencia, al experimentar que al caerme, me puedo levantar y fue entonces cuando mi cerebro pudo comprobar que de los fracasos podía salir adelante cuantas veces fuera necesario, que empezó a crear nuevas memorias de la experiencia y me permitió disfrutar más tranquilamente el presente sin quedarme ronroneando con lo ya realizado, para aprovechar las oportunidades futuras sin miedo al fracaso.

Esta fue la única manera como dialogando diariamente con mi perfeccionismo y negociando con mi necesidad de control que empecé a convivir con todos mis miedos y me aventuré a escribir, concentrando mi tiempo, atención y energía en emprender la acción a través de un blog en mi idioma nativo, el español, generando en mi un inquebrantable compromiso con mis lectores, que cada semana esperan mis publicaciones, teniendo en la actualidad la certeza que publicado es mejor que perfecto.

Así, aunque no me enorgullezco de algunas de mis primeras publicaciones, estas continúan expuestas en mi blog como un fuerte recordatorio de que de esta acción sin perfección empezó a brotar mi ser auténtico, aquello que me permitió rescatar mi individualidad y me hace única, particularidades que finalmente me permitieron definir mi estilo, aceptando que este nunca será del gusto de todos, pero sí es a la larga lo que conecta y cautiva a los que hoy son mis seguidores más fieles.

Hoy sé que no puedo dejar de ser perfeccionista y controladora de un día para otro, todo es un proceso, pero al percatarme y aceptar este rasgo de personalidad que se imprime en todo lo que hago, asumo mi vulnerabilidad siendo consciente de vivir con mayor flexibilidad, aceptación y apertura, reconociendo mis fortalezas y debilidades para ser más feliz, humana y por sobre todas las cosas, auténtica; fluyendo y asumiendo con tranquilidad los diferentes matices y retos que sin duda, la vida me seguirá ofreciendo.

CÓCTEL EMOCIONAL

Ahora sé que en el pasado nunca desarrollé mi inteligencia emocional, ni entendía su importancia, por eso, en alguna parte de mi vida empecé a menospreciar mis emociones y me centré en formar mi carácter en lo que yo creí me llevaría a tener una vida feliz y exitosa; concentrándome en mi desarrollo cognitivo e intelectual y relacionándome con el mundo de una manera competitiva, mostrándome siempre fuerte e invulnerable con una falsa sensación de control y equilibrio.

Ser aceptada como una necesidad humana y el sentido de pertenencia a un grupo cobró especial importancia para mí desde una edad muy temprana, cuando empecé, como lo hacemos todos, por comparar mis semejanzas y diferencias con los demás en un proceso de valoración propia a través del cual se construyó mi autoestima. Sin embargo, precisamente en este contexto entró también la necesidad de competir con otros, que en un ámbito sano me impulso a superarme, pero que también malentendida me incitó a ir en contra los demás y a crear mecanismos de defensa, como el complejo de superioridad, que se manifestaba en una necesidad de exagerar mis cualidades, proyectado cómo un sentimiento de inferioridad a los ojos de los demás.

Este complejo de superioridad, en sus más dañinas manifestaciones, me llevó a la crítica destructiva, tan dañina, que me arrastró a mostrar actitudes arrogantes como la de querer cambiar a los demás, cuando en realidad estaba atrapada por sentimientos de inferioridad por la idea que había creado de mí misma, resultado de una imagen distorsionada de mis propias incapacidades y el miedo a ser rechazada. Mostrando en el día a día, una imagen vanidosa y egoísta.

Lo que finalmente solo era un desperdicio de tiempo y energía, que abría paso a un estado mental permanente de dolor y desdicha por el afán de competencia, sin apreciar y disfrutar de todo lo que ya tenía. Esta incesante necesidad de estarme comparando con los demás, tuvo como agravante que perdía el foco de mi propio camino, centrando mi atención en mis carencias, negando por completo mis diferencias como ser único y aniquilando mi confianza.

En adición, mi cerebro estaba cargado de prejuicios automáticos e inconscientes, de lo que creía era bueno o malo y formaba parte de la máscara social que usaba y desde la cual sentía la necesidad de pertenecer a los grupos con los cuales me identificaba y era el parámetro desde donde comparaba permanentemente, juzgando y criticando a los que consideraba diferentes, viviendo siempre con mucho afán por tener la razón e intentando convencer a los demás de que mi posición era la mejor.

Con mucho conocimiento y un intelecto muy activo sentía que siempre tenía la obligación de defender una posición y dar a conocer mi opinión sobre cualquier tema, para demostrar que era brillante, sentirme valorada y darme mi lugar en lo que en realidad era una muy elaborada forma de defensa para mis más profundas inseguridades. Hasta hace pocos años, recuerdo muy bien, que me enfrentaba permanentemente en temas polémicos, pues basada en mis creencias conscientes o inconscientes, todas mis proposiciones tenían en mi opinión un trasfondo de verdad y aunque las creencias eran un marco de referencia que me permitía adaptarme a la sociedad y satisfacer mis necesidades, era tanta mi identificación personal con ellas, que en defensa de mi autoestima me hacían actuar sin razonar, juzgar sin conocer, vivir realidades distorsionadas y eran los causantes de una gran carga de ansiedad cuando no podía cumplir los patrones que me imponían.

Curiosamente, en mi interior sabía que mis acciones e instintos no estaban conectados con mis pensamientos y emociones. Disonancia que me hacía vivir con un sentimiento permanente de descontento, ya que no me sentía identificada con mi comportamiento incongruente e impulsivo al atacar a los demás porque no estaban de acuerdo y mucho menos me veía reflejada en las actitudes que asumía al ignorarlos, reprimirlos y ridiculizarlos; todo con el fin de establecer la veracidad de mis opiniones más allá de toda duda.

Innumerables situaciones donde reprimía de forma constante mis emociones verdaderas, con lo cual lo único que obtenía era que estas inesperadamente me desbordaran, se desataran y afloraran de forma inconsciente, en cualquier momento y con cualquier persona, saboteando en muchas ocasiones, la construcción de relaciones sociales cercanas y afectando la toma de decisiones ecuánimes y responsables al enfrentar los problemas desde la impulsividad, sin obtener una resolución eficaz de los mismos.

Sin embargo, no hay nada que genere más desasosiego y sea más torpe e improductivo que afrontar la vida, como lo hacía yo, desde la soberbia, ya que imposibilita el ponerse en el lugar del otro para entenderlo, para una acertada toma de decisiones y para llevar a buen término discusiones sin recurrir al conflicto. Con el agravante que estas emociones mezcladas como el enfado, la frustración y la agresividad me mantenían en un estado de estrés y alerta permanente que duraba días y hasta semanas afectando mi bienestar y generando un constante deterioro de mi salud física y mental.

Empero, pese a la consciencia que ahora tengo de esto, mi ego sigue aún bastante activo y nunca para, con la diferencia que actualmente me doy cuenta de aquellos momentos en los cuales toma un posicionamiento fuerte, arrogante y defensivo y aunque me cuesta hacerlo, hoy decido callar, evito juzgar al resistir el afán de analizar y tener un punto de vista sobre todo lo que observo o escucho y con más frecuencia puedo en muchas situaciones reconocer con humildad que no sé tanto como creo y que mis opiniones solamente son el resultado de mis creencias y mis pensamientos, producto de mi programación mental y el lente a través del cual veo el mundo, pero no la verdad.

Así, al permanecer por tiempos cada vez más largos en silencio permito a los demás expresarse y no me anticipo a pensar qué voy a responder, para darme la oportunidad de escuchar y ver la realidad a través de otros ojos, con lo cual el mundo ya no es un lugar hostil porque no tomo nada como un ataque personal.

Actitud de escucha activa en la cual encuentro una profunda paz en mi interacción con los demás.

En la actualidad, con la certeza de que las emociones interfieren con la razón al generar una cascada de pensamientos, y que tanto las emociones agradables como aquellas que sentimos como desagradables son automáticas e inevitables, ahora también sé que estas son moldeables a través de un esfuerzo consciente y disciplinado para experimentarlas, sin reaccionar ni ronronearlas desde los pensamientos que generan; para evitar engancharnos en ellas, aprendiendo a gestionarlas sanamente, con la capacidad de restablecer el equilibrio interior en cualquier momento.

Solo hasta el momento en que comprendí tal trascendencia de las emociones en mi vida, fue que empecé como una niña a identificarlas a través de las sensaciones en mi cuerpo, incluso ponerles un nombre, aceptarlas con amabilidad y empezar a convivir pacíficamente con ellas. Proceso en el cual, fue muy importante entender que la aceptación implicaba sentirlas y observar su propósito, entendiendo que siempre son pasajeras y que, así como llegan, incluso las que juzgamos como positivas, también se irán.

Esta comprensión de las emociones, de paso me hizo entender que además, este mecanismo inconsciente, me hacía incluso rechazar la evidencia, para defender todo aquello con lo cual me identificaba, generando sesgo y egoísmo en la realidad que veía. De esta manera, ahora, cuando empiezo a caer en la cuenta de todos los momentos en los cuales hago juicios, porque es allí donde centro la atención de forma superficial, observo que todo juicio se origina en la comparación, actitud contraria a la nueva realidad, donde en un mundo global y multicultural como en el que vivimos y siendo cada vez más importante percibir y sentir como lo hacen los demás, hoy soy capaz de generar la empatía necesaria que me permite superar mis prejuicios.

Profunda búsqueda de congruencia donde en adición entendí que mis pensamientos y sentimientos, mis acciones y reacciones no respondían al mundo como realmente es, sino que a través de la percepción generada por mis creencias veía una ilusión del mundo como creía que era y en este sentido si el mundo que veía en muchas de sus facetas era para mí un lugar injusto, duro y hostil, ratifiqué que la causa eran mis creencias donde mis propias convicciones actuaban en mi contra, y aunque conscientemente muchas de mis creencias podía cuestionarlas sin demasiada resistencia, la mayoría de ellas pasaban totalmente desapercibidas porque eran una realidad inquebrantable en mi subconsciente que generaban un auto boicot en mi vida. Consciente de ello, aproveché entonces mi escepticismo natural para cuestionarme a mí misma, ser más flexible, propiciar el autoconocimiento y parar mi ego.

Fue así como el escepticismo, estupenda característica innata en mi personalidad que nunca había usado para cuestionar mis propias creencias y hacer hincapié en el pensamiento correcto, la deliberación cuidadosa y la evidencia, se convirtió en el punto de partida para aprender a relativizar las dificultades y los acontecimientos externos, no tomar las cosas de forma personal y poner todo en su justa medida, haciendo que mi diario vivir fuera más ligero, alegre, menos solemne y que todo fluyera más distendida y agradablemente, con un compromiso honesto de entender puntos de vista alternativos, evitar el autoengaño y disfrutar de la liviandad que me da el no ser poseedora de ninguna verdad. Ahora sé que tener paz es mejor que tener la razón y que cobra mayor importancia lo que hacemos que lo que decimos. Esta es realmente una manera de impactar verdaderamente en el mundo, cuando somos coherentes.

RONRONEANDO

Pese a considerarme muy buena en la resolución de problemas, gran parte de mi malestar emocional provenía directamente de la preocupación constante y aunque mi esposo y yo teníamos trabajos estables, temía constantemente que perdiéramos nuestros empleos y no pudiéramos pagar las cuentas; si en el trabajo se presentaba alguna dificultad, le daba vueltas toda la noche queriendo anticiparme y prepararme para el peor escenario; así todos en la familia gozáramos de buena salud, siempre me preocupaba que enfermasen y cuando salían o viajaban temía que algo catastrófico o criminal les pasara y faltasen.

Absolutamente todo me preocupaba y ronroneaba en mi cabeza y aunque sentía que tendía a preocuparme demasiado, consideraba que eso estaba bien y que los demás simplemente eran muy relajados para algunos temas y yo era precavida, proactiva y cauta, lo cual me ayudaba a estar preparada por si algo ocurría.

Sin embargo, esta percepción permanente de peligrosidad y el hecho de enfrentar el futuro imaginando los peores escenarios y acontecimientos posibles, poniendo el foco de mi atención en todo aquello que no podía controlar, fue haciendo mella en mi salud a través del estrés crónico y los ataques de ansiedad, y aunque era capaz de reconocer que me preocupaba con demasiada frecuencia y en un grado excesivo y que vivir en estado de tensión y de alertas continuas, solo me llevaba al sufrimiento a través de emociones negativas, no sabía cómo podía evitarlo y me sentía incapaz de pararlo.

En consecuencia, aunque recibí algunos tratamientos con medicamentos y terapias físicas, estos solo mejoraban los síntomas momentáneamente, pero fue solo hasta mi año sabático que sentí de alguna manera que sí era capaz de relajarme y vivir más desprevenidamente, cuestionando la utilidad de preocuparme anticipadamente y mi visión catastrófica de la realidad.

Con esta nueva consciencia, inesperadamente, como un regalo, llegó la experiencia de mi casero, el dueño de una de las casas donde vivimos durante nuestro año sabático, quien me contó que en el pasado no era feliz y había transformado por completo su vida, de ser un alto ejecutivo del mundo corporativo, con una considerable riqueza material, para convertirse en un reconocido coach y sanador energético. Su experiencia me llamó mucho la atención y al escuchar su relato, empecé a sentir que dejar de preocuparme excesivamente y disfrutar de la paz y la tranquilidad en mi vida, estaban al alcance de mis manos.

El relato de su experiencia y de los cambios que había implementado, me motivó para empezar a aplicar algunos cambios en mi propia vida, lo primero fue reconocer la influencia negativa que tenían los medios de comunicación en mí, porque me llevaban a vivir con temor, pues su negocio es volvernos adictos al miedo y aumentar nuestra percepción de inseguridad, generando el deseo de estar enterada permanentemente de todo lo que sucedía, como si esto fuese el escudo mágico para protegerme de que algo malo me sucediera. Por supuesto, este era el alimento diario de mi ansiedad, pues al estar enterada de los problemas y dificultades del mundo, reflejaba eso mismo en mi realidad, maximizando mi percepción negativa respecto a mi propia vida.

Al ser consciente de esto, fue fácil darme cuenta de esta influencia negativa, pues hoy en día únicamente basta con ver un noticiero, telediario o revisar una red social para enterarnos de todas las malas noticias, no solo locales, sino en todo el mundo. Ahora, si esto es con lo que despierta cada mañana y con lo último que se acuesta en la noche, como hacía yo, estará cargado de emociones negativas: miedo, rabia, ansiedad, inseguridad, tristeza, frustración y al final nos mantenemos en un estado de estrés que determina a lo largo del día nuestra actitud y las decisiones desde las cuales vamos creando nuestra realidad.

Sé que estará pensando que no puede vivir como un ermitaño y que necesita estar informado, es cierto, pero desde hace muchos años aprendí a diferenciar qué es realmente estar informada y decido qué escuchar, ver o leer, haciéndome estas preguntas,

¿Esta noticia me afecta directamente? ¿Aporta valor a mi vida?, ¿Es vital que la conozca?, ¿Puedo cambiar, mejorar, ayudar o aportar en algo en dicha situación? y desde esa perspectiva elijo.

Así mismo empecé a aplicar en mi vida la premisa de que cada día trae su afán y con ello logré calmar un poco aquel impulso de anticiparme al futuro sobrevalorando los problemas e infravalorando mi capacidad para afrontarlos, lo que me ayudó a ir entrenando mi cerebro a tener algunos espacios libres de preocupación. Estos fueron pequeños pasos, que tuvieron un primer impacto en mi situación emocional, pero que no eran suficientes para aliviarme del todo.

Fue hasta hace relativamente poco tiempo, que aprendí que nuestro cerebro es una máquina de anticipar y predecir, utilizando para ello memorias pasadas, capacidad que sin duda es una facultad invaluable dentro de nuestra evolución como especie, al evitar el peligro antes de que este se manifieste y que en mi caso me hace particularmente buena en la preparación de todos los recursos necesarios para una tarea o proyecto, pero así mismo, en su lado sombrío me llevó a vivir en un círculo vicioso de preocupación que en mi caso se volvió adictivo.

Consciente entonces de que este tipo de pensamiento desencadenaba en mí el desasosiego y era causante de mi bajo estado ánimo, actualmente soy capaz de reconocer que aunque las preocupaciones nunca dejaran de llegar, estas son únicamente mi percepción personal sobre un futuro que no puedo controlar, pero no son el futuro en sí. Asimilando de esta manera la incertidumbre, al confiar plenamente en que la vida me provee siempre lo que necesito y dando así una interpretación positiva a mi realidad, ya que así no tengamos control de lo que ocurra, siempre podemos elegir la manera de asumirlo, pues la felicidad y lo que atraemos no depende de lo que nos sucede, sino de cómo decidimos vivirlo en el presente.

CAPÍTULO 2
¡SER POR FIN YO MISMA!

Al tomar la decisión de cambiar, empezó a emerger todo aquello que sentía era el camino a través del cual quería evolucionar y de manera auténtica, inconsciente y desprevenida, fui adoptando como propio un nuevo estilo de vida para lograr dejar atrás toda la serie de reacciones repetitivas condicionadas que me hacían tener siempre los mismos resultados, atrayendo las mismas personas y circunstancias. Busqué entonces trascender todo aquello que no deseaba en mi vida, asumiendo toda la responsabilidad por la realidad que estaba creando a través de:

VIVIR SOLO AQUÍ Y AHORA

Aunque lo he mencionado en varios apartes y a priori suene fácil, realmente requiere de un gran esfuerzo, porque nuestro cerebro es adicto a pensar, juzgar, opinar, criticar y etiquetar todo. En mi caso, aún hoy en día, continúa zigzagueando entre el pasado y el futuro, no siempre con los mejores recuerdos ni anticipando el mejor futuro, ruido mental que moviliza sentimientos desagradables que en el pasado me hacían valorar muchas situaciones cotidianas de forma negativa con un estado de malestar emocional permanente.

En un principio, cuando mi enfermedad apareció en escena, el miedo, la ansiedad, la ira, la hostilidad y la tristeza tomaron mayor fuerza; con el agravante que la atención médica que recibía respecto al dolor, los problemas de sueño, la falta de energía y algunos otros síntomas, se limitó al suministro de medicamentos para atacar las dolencias físicas, sin tener en cuenta el estado emocional por el cual estaba atravesando, lo que estaba muy lejos de ser una solución real, de bienestar integral, como el que yo buscaba.

Sintiéndome entonces bastante incomprendida, empecé a buscar formas alternativas para atacar mis múltiples malestares, empezando a practicar yoga y posteriormente algo de meditación de atención plena, que sin duda fueron en aquel entonces mi tabla de salvación, mejorando mis dolencias. Entonces, al ver que dichas prácticas funcionaban y más allá descubrir que a través de ellas no solo tenía la capacidad de manejar mi cuerpo físico, sino mis pensamientos, emociones, estado de ánimo y mis reacciones, quise profundizar más en mis conocimientos respecto a estas técnicas.

En este proceso de exploración, me di cuenta de que el yoga y la meditación pese a generarme un gran bienestar, solo me procuraban alivio durante el período de tiempo en que los practicaba, pero no era capaz de mantener este estado a lo largo del día, ya que el malestar y especialmente la ira continuaba presente y afloraba frecuentemente. Momento entonces en el cual comprendí que la transformación de mi vida requería algo más profundo, que me permitiera mantener este estado de equilibrio.

Una de las ventajas de los grandes problemas, es que, cuando los afrontamos con mente abierta, podemos encontrar soluciones que, bajo otras circunstancias, probablemente no imaginaríamos tan siquiera contemplar. Fue entonces cuando dejé a un lado mi escepticismo y sin nada que perder, me adentré a explorar una práctica espiritual llamada Ho'oponopono que se empezó a cruzar en mi camino cuando indagaba sobre alternativas para manejar mi enfermedad de forma integral y me llegó de la mano de Mabel Katz, considerada su máxima autoridad en idioma español, con quien sentí una identificación inmediata al leer sus libros, y supe que esto era justo lo que estaba buscando: Katz, Mabel, (2011), El Camino Más Fácil Para Vivir (Spanish Edition) (Kindle Edition), Los Ángeles, Estados Unidos, Editores: Atlas, Mirta; Valori, Diana, Publicado por: Your Business Press y Katz, Mabel (2010), El Camino Más Fácil para Crecer, Impreso en Colombia, Editores: Atlas, Mirta; Valori, Diana y Barnet, Deborah, Publicado por: Your Business Press.

El Ho'oponopono es un arte ancestral hawaiano de resolución de conflictos, con el cual asumimos totalmente la responsabilidad, no culpabilidad, por lo que creamos y atraemos en nuestra vida y en mi interpretación personal, implica en su práctica la repetición mental de una serie de palabras de forma permanente como si fueran un mantra, que nos permite periodos más prolongados de paz al detener nuestras reacciones automáticas.

En mi experiencia, dos semanas después de haber interiorizado su práctica, intempestivamente y sin una motivación racional clara, estallé de ira ante una situación superflua y con una persona que nada tenía que ver con lo que me pasaba. Fue entonces cuando comprendí el concepto de que albergamos infinitas memorias pasadas de dolor, de las que no somos conscientes, pero que se manifiestan en nuestra realidad como un reflejo ante el miedo que sentimos y que lo que exteriormente creemos es la causa de nuestro sufrimiento, no es más que la manifestación de nuestro estado interior. Este para mí, fue el día de catarsis.

Con la práctica, al empezar a percibir sus beneficios, supe entonces que el camino que empezaba a recorrer era imposible de comprender desde un entendimiento intelectual, abandonando de esta manera los prejuicios, las prevenciones y las expectativas que me acompañaban en un principio empero, con plena consciencia de que aunque era simple, la constancia implicaba un esfuerzo disciplinado para empezar a generar un cambio real en mi vida.

Cambio en la actitud que asumía frente a mi enfermedad y la vida en general, para lograr ser consciente que al repetir en mi mente las memorias pasadas una y otra vez, revivía las mismas emociones, generando el mismo estado de ánimo de aquel momento y cayendo en un círculo vicioso en el cual un mismo pensamiento me predisponía a crear el mismo futuro, pues al recurrir al pasado, inconscientemente reaccionaba de la misma manera para resolver las circunstancias presentes, que nada tenían que ver con la situación o las personas que estuvieron involucradas en dicho pasado.

Entendí entonces que mis experiencias pasadas creaban de esta manera mi futuro, y que cuando esas experiencias fueron negativas, tomaba decisiones en el presente desde esos sentimientos (dolor, miedo, inseguridad, baja autoestima, culpa, ansiedad, preocupación), reduciendo así las probabilidades de encontrar las soluciones o ver nuevas oportunidades. Tuve que entender, que nada de lo que pienso ahora tiene relación con la realidad, porque todo se basa en aquellas memorias pasadas, con lo cual, nada de lo que juzgo de mi presente como real, lo es.

Cuando entendemos esto, podemos comprender porque, así tengamos todo para ser felices, estamos programados para no serlo. De allí la importancia de mantenernos el mayor tiempo posible viviendo en el momento presente, donde no existen las memorias pasadas de dolor ni la ansiedad por un futuro inexistente, encontrando el balance que nos lleva a simplemente ser.

Para mi fortuna, la ignorancia total respecto a temas espirituales cuando tomé la decisión de emprender esta práctica, jugó a mi favor, pues me permitió emprender la acción curiosa sin prevención, mientras que con mi impulsividad y carácter obsesivo, adopté rápidamente los hábitos que entrenaron mi mente para dejar de pensar, compaginándolos a su vez con mis rutinas diarias, pudiendo alcanzar un estado total de aceptación de cada situación, así no fuera de mi agrado o desde un completo disfrute; entendiendo que cada lapso de tiempo que pasaba sin juzgar desde mi intelecto, era un paso hacia mi liberación.

Poco a poco, fue una certeza que el ruido mental me llevaba al pasado y al futuro a través de una proyección, generalmente negativa, que hacía mi mente; con lo cual la práctica de esta técnica, que me traía fácilmente al momento presente, iba a ser desde entonces parte de mi rutina, asumiendo entonces la responsabilidad total por mi estado de ánimo. El resultado fue un cambio inmediato logrando que la ira, que llegaba a mí de manera intensa, poco a poco se fuera desvaneciendo, al observar mis reacciones sin engancharme con ellas, permitiéndome así periodos más largos de paz y tranquilidad durante el día.

Especialmente por los atletas, sabemos que a mayor práctica, mayor beneficio. Pues bien, para parar el ruido mental y vivir en el presente no es diferente, la práctica de la meditación, el yoga o la técnica que resuene, una vez por semana es buena, tres o cuatro mejor, sin embargo, he podido experimentar que incluso un minuto de meditación al día puede llevarme de la frustración o la rabia a un mejor estado de ánimo reseteando mi sistema, por lo cual, sea cual sea la técnica que decida aplicar, al hacerlo constantemente durante el día, no solo he visto beneficios más duraderos en mi estado de paz interior, sino más rápidos resultados en mi vida.

Ahora bien, para empezar a sentir que empezaba a estar realmente en el momento presente, tuve que afinar la percepción de mis sentidos, en lo que personalmente me ha funcionado, como muchas técnicas lo recomiendan, ser consciente de mi respiración, con lo cual la atención simultáneamente va también hacia mí misma y desde allí percibo el exterior, dónde estoy, qué pasa a mi alrededor, qué estoy haciendo y qué emoción experimenta mi cuerpo.

Permitiéndome así ser consciente de que aunque mis emociones nunca dejarán de llegar y muchas de ellas estarán precedidas por algún pensamiento negativo, hoy he desarrollado la capacidad de identificar mis reacciones ante ciertas personas de forma inmediata, detectando las circunstancias y confirmando los patrones de comportamiento generados por hábitos creados inconscientemente, producto de memorias pasadas.

Gracias al desarrollo de este autoconocimiento, empecé a identificar claramente mis emociones y me permití sentirlas, aceptarlas y fluir con ellas sin engancharme con mi reacción, en lo que yo considero una habilidad adaptativa que ha transformado mi vida. Entonces supe que había empezado el cambio profundo que estaba buscando desesperadamente, a través de esta práctica que para mí constituye una meditación 24/7.

Al reconocer las emociones y los pensamientos que generan en mí estas reacciones, actualmente puedo en muchas ocasiones anticiparme a las mismas y detenerlas, transformando mi presente al obligar a mi cerebro a salir de su zona de confort, donde encontraba fácilmente las mismas respuestas conocidas y obligándolo a trabajar desde la incertidumbre que provoca actuar de manera diferente, permitiéndome ver todo desde una nueva perspectiva de no reacción, forzándome a ver nuevas posibilidades y desde allí crear nuevas realidades.

En un principio no anticipaba el efecto colateral que esta no reacción generó en mis relaciones, pero empecé a notar como en el día a día, las personas a mí alrededor, especialmente aquellos que me conocen, también estaban esperando que reaccionara de la misma manera que lo hacía siempre y cuando en su lugar asumía una nueva posición, esto por supuesto los desorientaba y los obligaba a sí mismo a actuar de forma diferente, cambiando efectivamente la realidad. Donde un observador desprevenido creería que los demás cambiaron, pude percatarme que fui yo quien cambió.

Solo al vivir en el presente somos totalmente conscientes de los momentos cuando volvemos al pasado o vamos al futuro y particularmente, puedo validar con mayor rapidez las emociones sin apego, generando más periodos de balance, con una nueva vibración, interpretando esta como la energía generada en un momento dado por el conjunto de emociones que experimento. En resumen, si en lugar de la ira, el miedo, la rabia, la ansiedad, el estrés y la preocupación, proyectamos serenidad y calma, nuestro nexo con el exterior inevitablemente cambia, toda vez que a través de las emociones en nuestro cuerpo, nos conectamos con el mundo.

No es extraño entonces que muchos hayamos experimentado que cuando nos sentimos felices parece que tuviéramos suerte y que todo se nos diera más fácil, que las personas fueran más amables y que los problemas no fueran tan grandes, por mi experiencia hoy sé que no es el exterior sino que desde nuestro interior al vivir en el presente, paramos el ruido mental y con equilibrio emocional, emanamos una nueva energía que hace que nos conectemos con nuestro entorno de manera diferente, al vibrar en una nueva frecuencia que atrae todo aquello que vibra en la misma frecuencia.

Así desde la práctica, hoy conecto con mi ser en un nivel más profundo, en un estado real de consciencia y presencia, es donde lo nuevo puede suceder y siento que soy como un lienzo en blanco esperando que llegue la inspiración. Siendo así la manera cómo puedo adentrarme en lo desconocido, donde desaparece lo familiar y veo todo lo novedoso, despertando en mí la curiosidad y la capacidad de sorpresa por las infinitas posibilidades que conlleva, vislumbrando nuevas oportunidades y descubriendo innovadoras soluciones que crean una nueva realidad.

En este estado, empecé a cuestionar creencias que para mí fueron validas toda mi vida, todo aquello que interioricé desde mi niñez, por ejemplo, las creencias de las personas a mí alrededor, las creencias prevalecientes en mi cultura, la educación que recibí y la religión en la que fui criada. Hasta entonces, estas, se habían instaurado como un programa en mi cerebro que me propuse controvertir.

Empezó entonces un intento genuino por brindarle a mi cerebro un programa con nuevos recursos, para habilitarlo a tomar decisiones diferentes, para lo cual empecé a leer, escuchar mensajes y usar afirmaciones positivas, aprovechando que nuestro cerebro no distingue la realidad de la fantasía para generar la misma emoción. Así pude comprobar con plena consciencia que las creencias actúan en nuestra vida con fuerza de verdad.

Yo, como muchas personas, veía las afirmaciones de forma escéptica y estas me generaban mucha resistencia sin embargo, pese a mi escepticismo, estas fueron altamente efectivas, porque al alimentar mi cerebro con ellas, empezaron por modificar mi lenguaje, dando un paso adelante en la forma de interpretar mi realidad, con lo cual, paulatinamente empezaron a manifestarse las declaraciones positivas, repetidas y confiadas, que concluyeron en un cambio real y significativo en mi vida.

Sin embargo, las afirmaciones no fueron aún la solución total, pero indudablemente fueron un primer paso muy importante en mi búsqueda, porque ciertamente muchos mensajes recibidos a lo largo de mi vida y la interpretación que había hecho de los mismos, habían tenido el poder de generar creencias limitantes, enquistadas de manera inconsciente pero con un efecto devastador en mi vida, entonces, a través de la adopción de un reentrenamiento disciplinado y permanente, estaba dándole la oportunidad a la palabra, a través de la inspiración positiva, de contrarrestar el pensamiento negativo, anclando en su lugar una forma de pensamiento más potenciador, que me permitiera empezar a interpretar las experiencias de forma diferente y conectar más con mis emociones.

Dentro de esta línea, diversas vertientes afirman, que nuestros pensamientos crean nuestra realidad y el Ho'oponopono va más allá, pues nos dice que la creamos también desde nuestros pensamientos inconscientes, que componen la mayor parte de los pensamientos que pasan por nuestro cerebro, con lo cual muchos de estos pueden no estar alineados con nuestros objetivos conscientes y en muchas ocasiones sin saberlo crean una realidad que no deseamos.

Esta era justo la extraña sensación que sentía, ya que pese al uso de las afirmaciones, estaba pensando en una cosa, sintiendo otra y haciendo algo totalmente distinto. En este punto, me di cuenta de que el uso de afirmaciones no era suficiente, porque inconscientemente, desde esta incoherencia, creaba la misma realidad, basada en la personalidad con la cual me había identificado, que siempre generaba los mismos pensamientos, juicios, emociones, conductas y reacciones, albergadas en mi subconsciente y que se reflejaban en hábitos diarios negativos obsesivo-adictivos.

De esta manera, aun sentía que mis viejos programas prevalecían con fuerza, a través de una mente que no quería cambiar, como un virus que infectaba persistentemente a través de la repetición de las mismas memorias, llevándome a los mismos patrones de comportamiento automáticos, pues mi cerebro, la mayor parte del tiempo, decidía de forma rápida, inconsciente e intuitiva guiado por la emoción, las experiencias, los aprendizajes y las memorias previas. Generando el esquema mental que albergaba desde niña que sesgaba mi manera de ver e interpretar el mundo, por lo cual finalmente comprendí que solo cuando lograra unificar mi pensamiento con mis sentimientos iba a poder crear la realidad que tanto deseaba.

Consecuentemente, al ir adquiriendo la capacidad de reconocer y aceptar las emociones en mi vida y al entender que cuando estas se juntan con los sentimientos crean las experiencias que rememoro una y otra vez en mi cerebro, pude observar más de cerca y reconocer que estos pensamientos, inconscientes en su mayoría, creaban patrones de comportamiento automáticos, imposibles de cambiar a menos que trascendiera mi intelecto y accediera a mi subconsciente, buscando cambiar por completo mi forma de pensar, para lo cual, asumir el papel de observadora de mis propios pensamientos era el primer paso para lograr acceder a estos programas subconscientes que me impedían el cambio y la creación de una nueva realidad.

Por esto, aparte de las afirmaciones y de paralelamente continuar practicando Ho'oponopono, empecé a realizar una reprogramación mental diaria, a través del libro Schucman, Helen, (2015), Un Curso de Milagros, Segunda Edición Obra Completa,(Spanish Edition), Mill Valley, Estados Unidos. Traducido por: Wynn, Rosa María y Gómez, Fernando. Publicado por: Foundation for Inner Peace (Fundación para la Paz Interior). Libro que más allá de un cambio en la situación objetiva, que seguramente ocurriría, desvirtuaba por completo mis creencias limitantes, al empezar a cambiar la manera como mi mente percibía y juzgaba cada experiencia.

Prácticas en conjunto a través de las cuales comprendí que los problemas iban a seguir llegando y que el dolor, los juicios, las culpas, la ira, la preocupación es precisamente lo que venimos a corregir como parte inherente del aprendizaje de la vida, por lo cual mi objetivo no es desaparecerlos, ni cambiar un pensamiento por otro que juzgara como mejor, reemplazar una creencia por otra que me gustara más, sino que a pesar de todo aquello que percibía como caótico en mi vida, mi propósito es parar el incesante ruido mental, trabajando momento a momento en mi capacidad para reencontrar el balance.

Me di cuenta entonces que la puesta en acción de las técnicas y la práctica de todo aquello que resonara en mí y me llevara a parar la adicción a pensar, eran las herramientas de ayuda que el universo, orden superior, divinidad o de la forma en que cada uno de nosotros lo decida llamar, pone a nuestra disposición para lograr periodos de paz interior más largos y frecuentes, estado de equilibrio desde el cual inspiramos una acción más decidida para crear una nueva realidad.

En la actualidad existen múltiples técnicas que nos permiten resetearnos, recordándonos que siempre podemos parar y redirigir, en vez de reaccionar. Esta es una sencilla manera de dejar ir y trascender, reduciendo el estrés, la ansiedad y la preocupación, con una sincera intención de encararnos a nosotros mismos y responsabilizarnos por nuestra vida, en vez de culpar a los demás y a las circunstancias por nuestras frustraciones, viviendo una vida más feliz, cuando día a día tenemos menos incoherencias y contradicciones, asumiendo nuestro verdadero poder de crear lo que sucede a nuestro alrededor.

De esta manera, y sabiendo que aunque no podemos controlar lo que sucede, si somos los únicos responsables de la forma en la cual vemos y de la actitud que tomamos frente a lo que nos sucede, esta certeza fue tan relevante para mi desarrollo, que llegó hasta el punto de tener una incidencia directa en mi enfermedad, al controlar el comportamiento errático de mi sistema inmunológico, haciendo que los brotes de la enfermedad hoy sean cada vez más imperceptibles y menos frecuentes, actuando como un efecto placebo.

Hoy sé que lo que muchos llaman iluminación, es nuestro propio proceso de vida consciente, en el cual debemos descubrir lo que vinimos a aprender, por lo cual las memorias albergadas en nuestro subconsciente seguirán tocando, que como afirma el Ho'oponopono todo lo que sucede es correcto y perfecto, así no lo veamos en su momento y que los desafíos son las oportunidades de cambio a través de las cuales crecemos, al aceptarlos y trascenderlos, trayendo consigo la bendición de ser cada vez una mejor y más auténtica versión de nosotros mismos.

EL DESEO DEL ALMA

Desde pequeña me las arreglé para hábilmente vivir en el lado "correcto" de todo, no fui la mejor alumna en el colegio ni en la universidad pero siempre obtuve buenas notas, nunca perdí un año y mi comportamiento siempre era adecuado, con lo cual no le di problemas a mis padres, luego en el trabajo tampoco tuve resultados extraordinarios, pero lo hacía dentro de un nivel idóneo para mantener mi puesto de trabajo y ganar un buen ingreso y en lo personal igualmente mi proceder siempre fue "apropiado", una vida que hoy podría definir como políticamente conveniente.

Era así como naturalmente buscaba sentirme cómoda en los ambientes y situaciones ordenadas, con reglas claras donde todo fuera "seguro", previsible, conocido y familiar y me pudiera desempeñar funcionalmente como pez en al agua, en resumen, una vida que trascurriera en la monotonía, sin correr riesgos.

Sin embargo, es en esta vida que yo consideraba segura, previsible, conocida y familiar y donde aparentemente todo debía pasar tranquilamente, donde justamente ocurría todo lo contrario, me embargaban el estrés y la ansiedad de querer ser perfecta y controlarlo todo y la ira afloraba a cada momento, a punto de convertirse en un estado permanente por la rabia producida por la frustración de hacer lo "correcto" por las razones incorrectas, para encajar en los estereotipos sociales, pero no lo que realmente quería.

Desde mi creencia la vida era una lucha constante para poder obtener los logros, y bajo esta creencia nada llegaba a mi vida que no fuera a través del arduo trabajo, el sacrificio y la abnegación. Sin embargo, estas actitudes y comportamientos que yo suponía eran la única forma para obtener lo que deseaba, implicaban un gasto de tiempo y energía constante, al impedir expresarme y comportarme como realmente soy, ya que siempre estaba buscando en las relaciones agrado y aprobación y en general, esperando que todos mis actos fueran valorados y tuvieran lo que yo consideraba una justa recompensa.

Al esperar siempre algo que no dependía de mí, y que tampoco estaba bajo mi control, estas contraprestaciones en muchas ocasiones no llegaron, colocándome en una posición de víctima que siempre se quejaba y culpaba a los demás y a las circunstancias por sus fracasos, porque vivía una existencia llena de concesiones continuas y desprendimientos que no quería hacer y miedos para hacer lo que realmente deseaba hacer, que me generaban desequilibrio, vacíos y frustraciones por la contradicción.

Así mismo, veía muchos de mis objetivos y planes cómo un sacrificio, eran también una forma de autoengaño al eludir los sentimientos negativos que me generaban, simplemente porque provenían de la contradicción de hacer las cosas por las razones equivocadas y evadir la responsabilidad de que los resultados que obtenía eran el producto de las decisiones que tomaba y los compromisos que asumía.

Sin embargo, es justo en lo conocido y lo familiar en donde sucedía lo previsible y seguro, atrayendo permanentemente las mismas circunstancias y personas a mi vida, porque condicionaba a mi cerebro a hacerlo de esta manera y no me permitía ver más allá. Inconscientemente, en la desesperación por tanta pasividad, descargaba toda la furia de estas frustraciones en contra de los demás a través de las reacciones coléricas, la queja y la culpa.

Empero, internamente siempre anhelé sacar a flote la persona creativa que soy y sabía que lo mío era desplegar mis talentos a través de alguna actividad productiva pero, vivía sumida haciendo los mil malabares que la vida que llevaba me imponía y la ansiada creatividad se quedaba simplemente en muchas ideas geniales; estas a su vez, terminaban siendo una carga de notas pendientes, que no eran fácilmente recuperables al momento de convertirlas en proyectos.

Afortunadamente, ya en este punto la vida me había obligado a salir de mi zona de confort y al haber abandonado por completo aquel papel ejecutivo, los títulos que me etiquetaban y aquella carrera profesional con la cual me había identificado durante tantos años de mi vida, me encontraba sin saber qué hacer. Fue entonces cuando recibí un consejo de un conocido que me dijo que, si no tenía claro que hacer en mi vida, fuera vislumbrando el camino a través de la acción, haciendo todas aquellas actividades que despertaran en mí algún interés, para descubrir mi propósito.

Con la premisa de que no tenía nada que perder, empecé actuar, pero en el camino resurgió todo el ruido mental, las voces internas que me decían que no era lo suficientemente buena, que aquello era una tontería y una pérdida de tiempo, que era demasiado vieja para empezar o que estaba demasiado ocupada. Fue entonces cuando el programar en mi agenda una cita incumplible e inaplazable conmigo misma me permitió actuar como un antídoto a mis miedos y deshizo la dilación.

Esta firme decisión, me permitió también ser benevolente conmigo misma, ya que pude quitarle el poder a la autocrítica como castigo constante, fluyendo con el desorden, la incertidumbre y la imperfección de la vida, siendo compasiva al desviarme de las imposiciones cuando era necesario, pero permitiéndome siempre priorizar la creatividad y aceptar mis imperfecciones como parte inherente de mis particularidades, a través de las cuales construí mi unicidad, que ahora no tenía relación con el hacer y el tener que antes me definían, sino con mi verdadera esencia, mi ser.

Cada día entonces con más consistencia y aceptando a plenitud mi función de madre, con una hija pequeña en casa, pude compaginar todas aquellas actividades que quería realizar y fue a través de este proceso que empecé a enfrentar mis creencias y a encarar mis miedos. Siendo así, como a través de los aprendizajes en cada proyecto que emprendí, con sus múltiples desilusiones, decepciones, errores y fracasos en múltiples actividades, que fui superando la necesidad de aprobación de los demás y me permití, por primera vez en mi vida disfrutar el proceso, acometiendo actividades sin el exclusivo propósito de recibir dinero por ello y en su lugar, reconociendo que el dinero sería la retribución que con certeza llegaría una vez desplegara la autenticidad de mi ser, a través de mi vocación y al manifestarlo de forma concreta en el hacer, empezar por consecuencia a aportarle un valor real a los demás.

Empecé con este propósito, a estar atenta en las tareas diarias, a percibir todo aquello que me llenaba de una plena satisfacción, a distinguir qué se sentía bien, de forma tal que el tiempo transcurría sin siquiera percatarme, siendo consciente de que aquello implicaba una nueva visión de vida, que involucraba actuar desde el ser y no desde el hacer, actuar desde el amor y la pasión y no desde el miedo ni la obligación.

Fue así como, pese a no contar con una formación específica y a que poco o nada se relacionaba con la carrera que en la cual me había formado, la educación que había recibido o las ocupaciones en las que me había desempeñado, que entre otras actividades empecé a escribir, más como un proceso personal e individual de aprendizaje, catarsis y sanación interior en mi propio proceso de vida.

Con un maravilloso efecto colateral de esta nueva aventura, ya que a través de la escritura recuperé en mi vida la lectura, que pese a disfrutarla desde pequeña, pues mi imaginación volaba al sumergirme en los maravillosos cuentos infantiles y en la adolescencia llenaba mis horas libres devorando novelas de todo tipo; la venía haciendo de lado, muchas veces por el cansancio al final del día, los distractores tecnológicos y el tener que leer recurrentemente por obligación materiales impuestos sobre temas que no me interesaban y poco me apasionaban.

Empero para mi fortuna, en un mes de diciembre, me encontré con varios infográficos de resoluciones de nuevo año que enumeraban simples acciones que podemos realizar para hacer nuestra vida más provechosa y placentera y entre ellas estaba "Leer de 9 a 10 páginas de un libro diariamente" lo cual hice y me permitió rápidamente recuperar el buen hábito de leer.

Inmersa en la lectura, además, me di cuenta de que naturalmente buscaba en ella, la información que me llevara a ratificar mis creencias y opiniones y a descartar automáticamente toda aquella que vulneraba de alguna manera lo que pensaba y sentía. Sin embargo, en el ejercicio de escribir se requiere un profundo proceso de investigación y lectura, a lo que conscientemente me obligué, con lo que descubrí que muchas veces aquello que me inspiraba estaba justo en todo lo opuesto a mis convicciones y gracias a esta experiencia, hoy disciplinadamente hago el esfuerzo de incorporar deliberadamente dentro de mis lecturas toda clase de escritos que se contrapongan a mis opiniones en un ejercicio absolutamente enriquecedor de aprendizaje.

Al incorporar nuevamente en mi vida el hábito de leer, este ha sido el precursor de lo que hoy considero como una piedra angular en mi vida, la disposición permanente de aprender en todos los ámbitos, que me hacen ver toda la diversidad, lucidez y esplendor que hay en el mundo, trascendiendo lo que antes mis etiquetas, mis títulos, mi ego y mi prepotencia no me permitían ver.

Descubriendo así que escribir es en sí mismo un acto de aprendizaje y formación permanente, ya que me obliga a leer, estudiar, analizar, investigar y prepararme continuamente para comunicar claramente mis ideas, que por consecuencia impulsan en mí la curiosidad al no conformarme con una sola explicación y querer soportar de la mejor manera mis argumentos, e involucran la creatividad como medio de cambio al plantearme nuevas soluciones y crear otras posibles realidades.

Con estos nuevos aprendizajes, intento fomentar en mí el libre pensamiento, alejado de los dogmas, disminuyo mi tendencia a la polarización y autopromuevo un mayor respeto por la diferencia, que adicionalmente me permite involucrar cierto grado de rebeldía, entendida esta como el resultado del cuestionamiento y la inconformidad que incentiva mi pensamiento crítico dentro de un ambiente de tolerancia frente a diversos puntos de vista.

Para mi propia sorpresa y enlazado con la lectura, la escritura fue la única actividad, que entre muchas otras que emprendí y contra todo pronóstico, permaneció, se abrió paso y fue fluyendo sin esfuerzo. Pese a que en el pasado no era raro que pospusiera proyectos cuando la tarea en cuestión me obligaba a profundizar en mí misma, esta, por el contrario, inadvertida y progresivamente a lo largo de los años se fue convirtiendo en aquello que siempre estaba de ánimo y dispuesta a hacer, incluso sin recibir ninguna paga por mucho tiempo pero que me producía una enorme satisfacción personal.

Sin embargo, pese al inmenso placer que la escritura me producía y a que mucho se habla hoy en el mundo de vivir con pasión y todos en algún momento tratamos de encontrar esta emoción frenética e intensa que nos lleve a vivir cada minuto de nuestras vidas desde este fuego intenso, que nos mueva y nos motive. Para mí hasta ese momento, aún la pasión era solo una visión poética e idealista que parecía una utopía en mi vida y me hacía sentir una profunda admiración por aquellos que con suerte la habían encontrado y la vivían en cada momento de su vida, anhelando algo que desde mi perspectiva era imposible de sentir.

Empero como parte de este proceso, al ir cambiando y adentrarme cada vez más en la incertidumbre y al permitirme ser llevada por la vida, la pasión se fue colando y fue surgiendo espontáneamente sin ningún esfuerzo ni expectativa; al simplemente empezar a centrar mi atención en el presente y empezar a vivir desde lo que soy, priorizando lo que es importante y dedicando mi tiempo a lo que realmente me gusta, permitiéndome sentir la emoción, al disfrutar cada experiencia con todos los sentidos puestos en un momento de tiempo determinado y a través de ello, fui alcanzando la plenitud interior para desarrollar mi individualidad en el hacer.

Individualidad entendida como enfocarme en mí misma, entendiendo que los logros no son las retribuciones externas que recibía sino en quien me convertía, permitiéndome ser realmente yo misma, sin comparar mi vida con la de los demás, aceptando la vulnerabilidad de mis miedos por la incertidumbre pero, atreviéndome a arriesgarme y dar grandes saltos de fe, sintiendo lo que significa no vivir desde la preocupación por un resultado y tapándole la boca al ruido mental que me paralizaba, relativizando las creencias, juicios y opiniones y permitiéndome romper las barreras de lo que se suponía sabía y conocía para ver el mundo desde una nueva perspectiva de propósito que me ilusiona y motiva a actuar pero, sin sentirlo como un sacrificio que me demanda gran esfuerzo para hacer posibles las cosas.

Con esta comprensión, dejé de hacer cosas por obligación, eliminando así la culpa y la queja al asumir la responsabilidad de mi vida y actuando coherentemente, afín con lo que realmente quiero hacer y se siente bien con mi esencia, mis valores, necesidades y la aceptación o el disfrute en cada momento, pues nuestra vida es el resultado de nuestras decisiones, no de nuestras circunstancias.

Llegué de esta manera a un punto en el cual afloró el deseo de dejar atrás lo mundano, para vivir una vida que amo, manteniéndome fiel a mi misma, sin etiquetas externas que me encasillaran, donde puse en marcha mis múltiples intereses y los combiné, sin necesidad alguna de que ninguno de ellos me defina y empezando a vivir una vida que me alucina y asombra, al experimentar la sorpresa de no saber que se me ocurrirá cada día, cómo se resolverán las situaciones y qué nuevas personas aparecerán en mi existencia.

Levantándome cada día con esta ilusión de poner en marcha aquello que me fascina, donde me encuentro a gusto y contenta, no me percato del pasar del tiempo, embebida en lo que estoy haciendo, esta es la verdadera definición de la pasión, teniendo la certeza de que cuanto más tiempo pueda pasar en esos momentos, más bella y placentera será la vida.

Con el tiempo, esta pasión lideró muchas horas de práctica y trabajo que con el pasar de los días eventualmente se convirtieron en una habilidad que fue evolucionando, arrojando cada vez mejores resultados y que al producirme mayor placer, generó en mí el deseo por invertir más tiempo en ella, generando un ciclo virtuoso de actividad, que con el tiempo produjo un profundo deseo de compartir, en principio, lo que solo me escribía a mí misma, descubriendo así un propósito real de vida al poder, de alguna manera, inspirar y enriquecer la vida de los demás con lo que a mí me ayudó, expresando así a través de la escritura lo que soy.

SENTIDO DE LOGRO

Al escribir este aparte de mi libro ha trascurrido un mes en el que he tenido una fuerte inflamación de mi vejiga, acompañado de escalofríos, fiebres repentinas, dolor general, fuertes migrañas, malestares gastrointestinales y extremo agotamiento. Pese a realizarme los exámenes médicos correspondientes y haber acudido a varios especialistas, aún los médicos no descubren la causa. Justo anoche, sentí un dolor lumbar tan fuerte que me impidió conciliar por completo el sueño y revivió en mí muchos temores, por el riesgo que conlleva mi enfermedad de afectar los riñones.

Percibiendo mi condición, en la madrugada mi esposo se levantó y me hizo una tisana natural que me ayudo a desinflamarme un poco y relajarme, sintiéndome en aquel momento profundamente agradecida por su gesto de amor y ayuda, lo que inmediatamente me recordó que aunque no podía desaparecer el dolor que estaba sintiendo, el poder de sentirme mejor estaba en mis manos, con lo cual logré a través de la respiración y un mantra acallar mi ruido mental que rememoraba una y otra vez mis más profundos miedos y así calmar mi ansiedad, logrando por fin conciliar un poco el sueño.

Como todos los días, acudí a despertar a mi hija, desayuné con ella y pese a que el dolor seguía presente, conscientemente disfrute cada momento de su rutina antes de que partiera al colegio, sintiéndome igualmente bendecida por aquellos cotidianos momentos. Posteriormente mi estado me obligó a descansar, más tarde practiqué un poco de yoga que me permitió aliviar los dolores y mejorar mi movilidad, trabajé varias horas en el libro y esa tarde me reencontraría nuevamente con mi hija en el colegio para una actividad compartida, en la cual concentré toda mi atención y dedicación, lo que hizo que mi mente se olvidara un poco de mi indisposición y el resto de mi día fuera más llevadero. Para mi propia sorpresa, ese día finalicé logrando cumplir con todas mis tareas y compromisos.

Días como estos donde las afecciones afloran con mayor fuerza son lo que me han dado la convicción de que solo desde el amor propio se puede construir la mejor versión de uno mismo y la certeza de que este, es una fuerza exponencial que repercute de inmediato en quienes me rodean y en todo lo que me rodea, ya que la capacidad de permanecer por más tiempo en un estado de paz y serenidad, disminuye el impacto de la enfermedad y hace de los contratiempos e incertidumbres de la vida algo más llevadero, fortaleciéndome gracias a ellos y permitiéndome ser consciente de mi vulnerabilidad, al aceptar con humildad y amor la ayuda que me brindan los demás.

Estas experiencias me hicieron percatarme del enorme avance que he logrado en mi actitud, en la manera a través de la cual veo ahora estos desafíos, al pasar de tener una mente totalmente identificada con mi ego perfeccionista e invulnerable, con un ruido mental cruel e implacable, a amarme y aceptarme por completo, partiendo por estar agradecida con lo mucho o poco que mi cuerpo me permite ser y hacer diariamente y sin un asomo de autocrítica, juicio o culpa, con total convicción de saber que siempre hago lo mejor que puedo hacer y doy lo mejor que puedo dar.

Amor propio que además, a través de mi enfermedad me ha permitido aceptar la perspectiva de temporalidad y comprender que es inútil aferrarse a algo, ya que todas las cosas vienen y van en nuestra vida, siendo cada vez más consciente de mi propia temporalidad en este plano y la de mis seres queridos, centrando toda mi atención en vivir real y plenamente el presente, disfrutando, aprovechando y agradeciendo por cada momento que paso en su compañía, entendiendo el amor a toda mi familia como una de las piedras angulares de mi vida.

Convivir con una enfermedad impredecible como el lupus, abrazar la incertidumbre, aceptar las limitaciones y priorizar estratégicamente mi tiempo para invertir mi energía en las piedras angulares de mi vida: "el amor propio, el amor a mi familia y mi pasión", es vital en mi existencia para imprimir intención y sentido de logro a mi día a día, con un propósito superior, que me hace querer existir y revive permanentemente la llama de mi vida.

CAPÍTULO 3
LOS RITUALES

Primero yo, segundo yo y tercero yo, esta frase suena egocéntrica, arrogante y egoísta, ese era mi juicio y esta creencia se trasladó erróneamente a mi vida, olvidándome de mí misma y entrando en una lucha constante por querer ayudar a los demás, cuando nadie me lo había pedido, queriendo solucionar los problemas en sus vidas de la forma en la cual yo consideraba debían ser resueltos.

Sin embargo, era realmente en este papel de salvadora del mundo, queriendo rescatar al que se estaba ahogando, cuando yo misma no sabía nadar, donde entraba con mayor fuerza mi ego, ya que llegué a creer que en muchas situaciones, especialmente laborales, todo evolucionaba porque yo actuaba, que era imprescindible para mi familia y que únicamente yo tenía las respuestas y las soluciones para todo, además de culpar, criticar, enjuiciar y opinar sobre la vida de los demás, cuando ni siquiera tenía las soluciones y las respuestas para mi propia vida.

Sin saberlo, poner mi foco en el exterior y en todo aquello que me molestaba de los demás era simplemente una manera inconsciente de evadirme a mí misma, ya que toda mi energía se centraba en algo que estaba totalmente fuera de mi control, al creer que yo debía y podía cambiar a los demás; sin embargo, el simple hecho de reconocer que en la única vida en la cual podía intervenir era en mi propia vida, transformó por completo mi perspectiva del mundo.

Fui consciente entonces de que al quererme ocupar de la vida de los demás, no estaba presente en mi propia vida y tuve la sensatez de reconocer todos los momentos y situaciones donde me había abandonado y había dejado mi vida a merced de los demás y de las circunstancias.

Solo cuando centré la atención en mí misma y fui totalmente responsable por mi propia vida y la interpretación que daba a la realidad, tuve todo el poder de transformarla, creando una vida bajo mis propios términos, en coherencia con lo que soy, siento y pienso, aceptándome como un ser completo y perfecto, abandonando la necesidad de aprobación, los apegos y quitándole el poder al ego que me hacía vivir en el pasado y el futuro. Al darle un espacio al momento presente, reconociendo de manera inequívoca que solo desde este estado de paz interior podía aprender a estar feliz, a través del infinito amor a mí misma y desde allí poder dar verdadero amor a los demás.

Entendí que el amor incondicional, como una energía interna superior, ilimitada y sin un concepto específico, es un estado donde simplemente tenemos que ser, sin una identificación externa en el tener o el hacer, donde no necesitamos ser nada, hacer nada o probar nada, viviendo con la convicción de que todo es como debe ser.

Con esta certeza, nuevamente empecé a sentirme como cuando era niña, recuperando la curiosidad y la capacidad de sorprenderme, sin obligación de hacer nada, sin tener que pensar nada y por largos periodos de tiempo sin preocupaciones y en su lugar con aquella sensación de libertad plena y de felicidad que muchos llaman simplemente estado del ser. Donde, pese a tener plena consciencia de que vivimos en un mundo complejo, apresurado, ambiguo, con muy pocas cosas predecibles y donde hay tanta información que todo puede ser o no ser, sorprendentemente me encontré disfrutando cada día más de mi ser, respetando mi cuerpo, su vulnerabilidad y sus ciclos, contemplando y apreciando los destellos de belleza en las pequeñas cosas y viviendo en equilibrio, incluso en aquellos momentos de cambio y desafío, lo que yo interpreté como mi verdadero estado de paz interior.

Concluyendo que la vida son decisiones conscientes que tomamos minuto a minuto al decidir guardar silencio más a menudo, no reaccionar, no juzgar, no engancharnos con las emociones, fluir sin resistir para permitirnos ser guiados, descubrir nuestro verdadero ser, disfrutar y agradecer por el presente, donde, producto de nuestro estado interno al confiar, percibimos que todo transcurre más naturalmente y sin esfuerzo.

Sin embargo, reconociendo y aceptando como parte del proceso, que los problemas no van a desaparecer, que muchos de ellos no tienen una inmediata solución, que no los podemos evadir sino decidir abordarlos responsablemente desde el equilibrio emocional en vez de reaccionar, culpar, victimizarnos y dramatizar nuestra vida desde el sufrimiento.

Responsabilizándonos entonces por nuestro cambio de patrones de comportamiento, relación y pensamiento, aceptando que implican una inversión de tiempo y esfuerzo permanente, un proceso de vida que requiere una disposición seria y disciplinada para mantener el progreso en marcha, cultivando prácticas diarias que muchas veces implican parar nuestra incesante actividad para lograrlo, ya que aunque es posible vivir espontáneamente en el momento presente, muchos como yo, vamos y venimos, haciendo paulatinos, pero profundos cambios en nuestro sentido del ser para cada día lograr más vivir desde allí.

Así es como he descubierto, que para lograr la plenitud en mi vida, mi día a día se ha transformado en una sucesión de rituales, en el sentido de que en los rituales se santifica el momento, capturando por completo nuestra atención en la actividad presente, viviendo conscientemente el paso a paso de la experiencia, logrando que nuestros patrones de atención se transformen naturalmente, siendo totalmente conscientes que hay secuencias de eventos en las acciones y coordinándolas de una manera intencional para percibirlas realmente.

Encontrándome más a menudo en el aquí y el ahora, en las acciones cotidianas más simples, convirtiendo la rutina en oasis libres de preocupación, con intervalos de más paz, risa, armonía, alegría y balance en mi vida a través de los rituales de:

GRATITUD Y SILENCIO

Tendía a creer que la gratitud era sentirse bien cuando todo salía como uno esperaba, lo cual obviamente no me resultaba nada difícil, pero esta era una emoción esporádica y poco duradera. La gratitud permanente hasta ese momento, no tenía para mí un significado real, me sonaba a cliché y aunque tenía mucho por lo cual agradecer, mi cerebro tendía a centrar toda mi atención en mis carencias, llevándome a pensar permanentemente en qué me faltaba hacer, tener o ser para sentirme realizada y feliz.

Al centrarme inconscientemente en la escasez y empezar con ello mi día, entraba sin saberlo en un laberinto sin salida, ya que, sin darme cuenta, alimentaba mi ruido mental, llenando mi vida de interminables listas de tareas pendientes, compras por hacer y metas por cumplir; haciéndome sentir siempre un ser incompleto, socavando mi autoestima, determinación y la actitud con la cual encaraba la vida, creando un día a día de miedo, preocupación e impotencia.

Sin embargo, nada te enseña más en la vida que una enfermedad, pues, aunque la resistamos no hay manera de desaparecerla y no está en nuestras manos la cura, convirtiéndose en una realidad con la cual debemos convivir y que nos muestra que una de las opciones que tenemos es aceptarla y fluir con ella sin crear más limitaciones de las que ella misma nos impone. Opción que depende exclusivamente de nuestra decisión de asumirla, sin confundir la aceptación con resignación, pues la aceptación implica el reconocer que nuestra vida cambió, que ya no será la misma que teníamos tras una crisis, responsabilizándonos ante la situación, aceptando el dolor y sus condicionamientos, en donde nuestra disposición a aprender y la actitud que tomemos, serán los únicos determinantes para no caer en la victimización.

La aceptación implicó pues, una renuncia real a resistir mi vida tal y como es y quererla controlar, con lo cual continúa siendo también una renuncia a mis más profundos miedos, sobre la vulnerabilidad de la misma enfermedad, la muerte, los cambios, a no ser suficiente, a lo que pensaran los demás, temores que voy soltando paulatinamente y que me llevan simplemente a reconocer que, aunque el dolor es inevitable y forma parte de nuestra existencia, no estamos solos y hay una energía, inteligencia o ser superior que nos guía y que nos demuestra que lo que sucede y la forma en la cual sucede, es en nuestro beneficio a largo plazo y nos impulsa a hacer de nuestra vida una mejor versión de la que teníamos antes, con un fin superior, llenándonos de más propósitos de los que jamás habíamos imaginado, viviendo palpablemente no a pesar de los desafíos sino a causa de ellos.

Así mismo al aceptarla, la enfermedad me llevó progresivamente a agradecer lo que empezó a ser una maravilla en mi vida, como los días con mayor energía, menos dolor, más paz interior, lo que se fue convirtiendo con el tiempo en el hábito de agradecer, incluso por el dolor que me despierta la consciencia y las dificultades que paulatinamente fui viendo como oportunidades de aprendizaje.

Con este aparente pequeño cambio de percepción de la realidad, hoy despierto agradeciendo, con lo cual arranco y mantengo un buen estado de ánimo para el resto de la jornada, obligando a mi cerebro a centrar la atención en la abundancia y no en la carencia, sintiéndome una persona privilegiada y afortunada cada día por todas las maravillas que veo en mi vida, transformando por completo mi programación negativa, en una actitud permanente de sentirme bien, sin que aparentemente hubiera ocurrido nada especial, a estar agradecido por todo y por nada a la vez, sin estar condicionada a ninguna circunstancia particular.

Estado de gratitud que con el pasar de los días, se transformó en otro precursor más que junto con los momentos de silencio, me motivan a una acción decidida, en pro de la plenitud de mi existencia, comprendiendo que para permanecer durante tiempos más largos en paz y tranquilidad se necesita consciencia, dedicación y disposición de estar en silencio, entendiendo el silencio no como la ausencia de sonido sino como aquellos momentos en los que acallamos nuestro ruido mental y aplacamos la tentación de juzgar, cultivando el autoconocimiento y la calma interior.

Sin embargo, en nuestro día a día puede implicar un gran reto, especialmente si creemos que necesitamos no hacer nada y abstraernos de nuestra rutina, o nos imponemos rígidos parámetros de tiempo y lugar para lograrlo, como fue mi caso, dando como resultado que por mucho tiempo no conseguí hacerlo, hasta que empecé a incorporar la práctica del silencio dentro de mi cotidianidad. Hoy en día, aprovecho las actividades diarias, tales como ducharme, cepillarme los dientes, cocinar, lavar los platos, conducir o comer cuando estoy sola, para hacerlo; grandes espacios de tiempo, que en ocasiones no reconocemos como tal, en los cuales la concentración absoluta, o la dedicación total a la tarea son los antídotos perfectos para una mente inquieta que no quiere parar.

Igualmente, como lo he mencionado antes, el Ho'oponopono que practico la mayor parte de mi día y se constituye para mí en una meditación cotidiana, que funciona casi de forma automática, me permite notar aquellos momentos en los que me desenfoco a través de un pensamiento, o en mi caso por los dolores crónicos en mi cuerpo y redirigir amablemente mi atención a la repetición de las palabras, lo cual, con la práctica constante, me ha permitido lograr espacios más largos de paz interior, logrando trascender los pensamientos cotidianos y estando verdaderamente en el momento presente.

Al incorporar consistentemente estos momentos de silencio en mí día a día, sin importar el estado de ánimo y aceptando las limitaciones físicas que tenga en el momento, estos surgen cada vez con más facilidad y sin esfuerzo, a través de la repetición relajada de palabras, mantras y la atención en la respiración, logrando por momentos, hacerlo de forma espontánea.

La meditación, como la mayor parte de nosotros la conocemos, la realizo simultáneamente con mi práctica de yoga, centrando mi atención principalmente en la inhalación y exhalación, pero abandonando por completo la expectativa errónea que tenía de ella, que suponía aquietar mi mente a la fuerza y dejarla en blanco;

percatándome que cuanto más centrada logro estar, en menos disposición me encuentro de reaccionar ante las circunstancias externas y en su lugar, mantengo un estado de ánimo que me permite disfrutar plenamente mi día, sin quedarme ronroneando con lo que me perturba, permitiendo que las ideas y soluciones creativas emergen espontáneamente durante estos periodos de calma.

Hoy benevolentemente entiendo que mi mente divaga, se distrae, pierde el enfoque y está llena de pensamientos y emociones, en lo que simplemente ahora soy consciente de ello y sin resistirlos, los acepto, logrando que mi atención no se quede en ellos, encontrando momentos cada vez más profundos de calma, logrando entrar paulatinamente en un ámbito más recóndito de mi mente, adquiriendo paulatinamente un mayor nivel de consciencia.

PERDER TIEMPO PARA GANARLO DESPUÉS

No soy por naturaleza una persona madrugadora y siempre me ha costado hacerlo, sin embargo, el bus del colegio de mi hija la recoge muy temprano por lo cual nos levantamos antes del amanecer.

Usualmente me cuesta dormir y mantenerme dormida por lo cual no es usual que tenga un sueño profundo todas las noches, sin embargo, aquella mañana me desperté con la alarma, pero inmediatamente me levanté, pude sentir la falta de energía, inflamación y la rigidez en mi cuerpo, lo cual sé que es crónico, pero esta mañana era particularmente fuerte.

Me senté en la cama unos minutos, tomé un respiro, recordé cuanto amo compartir con mi hija su rutina de la mañana antes de que se vaya al colegio y acudí a despertarla. Cuando mi esposo, que la acompaña a la parada del bus regresó y me propuso recostarnos nuevamente un rato, lo que esporádicamente hacemos, ya que normalmente él hace deporte a esa hora, en aquel día era como si hubiera adivinado mi estado, porque su compañía me ayudó a sentirme mejor.

Ese día, simplemente era un día como cualquier otro, con una agenda de tareas cotidianas a realizar, pero agradecí infinitamente no tener alguna cita importante a la que tuviera que acudir y me obligara a salir de mi casa. Con la consciencia de que mi cuerpo me pedía a gritos un descanso, en lugar de renegar, victimizarme o quejarme por mis dolencias como hubiera hecho anteriormente, acepté mi estado y logré trascender la enfermedad, convirtiendo así el dolor en un patrón de consciencia y aceptación del momento.

Este receso, no solamente me permitió trascender el día de buen ánimo, sino administrar la energía hacia las tareas imprescindibles y prioritarias, aceptando que así no pudiera realizarlas todas, ese día definitivamente iba a ser un día de logros, porque tuve la capacidad de fluir con la vida. Todos pasamos por días buenos y días que juzgamos como malos, sin embargo, esos días que antes consideraba no tan buenos, eran el resultado de negar y resistir lo que era, cayendo en la queja, el enfado y la depresión, en su lugar, hoy acepto que estos desafíos, e incluso las crisis, forman parte de la vida misma, me mueven y me obligan a salir de mi zona de confort para darme la oportunidad de crecer.

Aparte de los medicamentos, una parte importante y crucial del tratamiento de mi enfermedad conlleva hacer cambios en el estilo de vida, para controlar los síntomas y prevenir las crisis o brotes que traen consigo el cansancio, la fiebre y acentúan los dolores, por ello el descanso adecuado y específicamente el que involucra el sueño, es vital. Sin embargo, algo tan simple como el descanso, que yo daba por sentado y a lo cual poca importancia daba, con el pasar de los años se fue convirtiendo en algo cada día más limitado y así como todos podemos experimentar en algún momento falta de sueño durante varios días y luego empezamos a sentirnos más débiles e incluso podemos terminar enfermándonos, en mí se volvió una situación cotidiana y recurrente, agravando mi condición de salud.

Como resultado, solía encontrarme más irritable al día siguiente, con niveles aún más bajos de energía y sin lograr ser tan productiva como podría y deseaba ser. Con lo cual, el sueño se convirtió en una de mis prioridades y hoy involucra toda una rutina en mi vida para lograrlo, empezando por desconectarme temprano en la noche de todas las pantallas, atenuar todas las luces de mi casa, comer con suficiente tiempo para lograr una buena digestión, tomar un té relajante, practicar unos pocos minutos de yoga y meditación para dormir, escuchar un audiolibro y finalmente leer.

Aunque son cosas que la mayoría de nosotros sabemos que debemos hacer para lograr una buena higiene del sueño y no suena complicado, en mi caso, como lo mencioné anteriormente, soy una persona que no madruga fácilmente, tiendo a quedarme despierta hasta muy tarde, no me duermo fácilmente, soy sensible a la luz y los ruidos, con lo cual me cuesta dormir en un ambiente no controlado y mi ruido mental me impide volverme a dormir cuando me despierto en la madrugada, con lo cual, lograr una buena noche de sueño se constituye en todo un reto que implica una gran disciplina.

Sin embargo, como muchas personas, probé e intenté muchas cosas para lograr el tan anhelado descanso y aunque todo lo que mencioné me ayudó, realmente lo único que funcionó en mi caso, fue respetar mis ciclos naturales de sueño, reconocer que, aunque lo intentara no iba a dormir temprano, tampoco madrugar fácilmente y el imponerme una rígida rutina, solo me generaba mayor ansiedad y menos probabilidades de conciliar un sueño profundo y reparador.

Con esta experiencia, nuevamente ratifique que tenía que respetar mi individualidad, poner en primer lugar mis necesidades y lo que se sentía bien para mí, dejando a un lado los remordimientos y las culpas al aprender verdaderamente a descansar, conciliando el sueño de manera natural cuando mi organismo así lo deseara, aprendiendo a ajustar mis ciclos con lo que me demandan mis actividades, con lo cual, pese a que tengo que madrugar mucho para preparar a mi hija para irse al colegio, hoy en día, sin ningún asomo de culpa o remordimiento, una vez ella parte, me acuesto nuevamente reponiendo inmediatamente las horas faltantes de sueño.

Increíblemente, la creencia inconsciente que tenía, que al descansar perdía el tiempo y que madrugar era imprescindible, me privaba, no solo de un sueño adecuado, sino del descanso general en mi vida a través de hacerme sentir culpa, lo que me mantenía con bajos niveles de energía y ánimo que finalmente repercutían no solo en mi salud física a través de un cuerpo adolorido y agotado, sino en mi salud mental, afectando mi productividad en las tareas diarias al tener el cerebro distraído, cansado e incapaz de hallar soluciones creativas.

Al librarme de este estigma, que yo misma me había impuesto, hoy, no solo disfruto de más noches de sueño profundo y reparador en mi vida, sino de muchos momentos de descanso durante el día, cada vez que siento que lo necesito y puedo permitírmelo, con lo cual mi día a día se ha llenado de pequeños placeres de "no hacer nada", tomando una taza de té o café con tranquilidad, dando una vuelta, jugando con mi hija o simplemente contemplando el paisaje desde mi balcón.

Paradójicamente, de esta manera, me he descubierto más vivaz y productiva, encontrando que mi cerebro tiene más recursos inconscientes que conscientes, que solo cuando descanso salen a la luz y contrario a lo que podría pensar, soy ahora más trabajadora y estoy más motivada y creativa, por lo que el ocio mental está lejos de ser el desierto cognitivo que yo creía, donde al divagar, llegan la inspiración y la lucidez más fácilmente; con lo cual, hoy, cuando tengo que resolver situaciones complejas o me siento bloqueada, automáticamente dejo de trabajar, cambio de actividad rompiendo mi rutina o simplemente doy una vuelta para pensar, pequeños cambios que han implicado mejoras en mi salud, estado de ánimo y que me encuentre con más energía y disposición de hacer todo lo que debo hacer, lo disfrute enormemente y mi inventiva se dispare, al obligarme a encontrar nuevos caminos cerebrales para resolver los problemas más complejos, incentivar la creatividad, enfocarme y simultáneamente, mejorar el rendimiento.

AMO MI TORTUGA, MI CUERPO

Con la edad y a pesar de que la enfermedad se encuentra controlada, esta ha aumentado la intensidad de los síntomas que aparecen repentinamente y son tan diversos que en mi caso puede pasar por un fuerte dolor de cabeza, intensas dolencias en músculos, huesos y articulaciones; que muchas veces afectan mi calidad de sueño, producen rigidez y dificultad en la motricidad fina, estados febriles y escalofríos sin una causa aparente; inflamación en todo el cuerpo y una fuerte fatiga crónica que absorbe por completo mi energía.

Sentir que cuando intento explicar a otros y poner en palabras solo puedo invitarlos a recordar el padecimiento que sienten cuando están atravesando por una fuerte gripe que los confina en la cama y les impide por completo levantarse para ir a trabajar, con la diferencia de que en ellos los síntomas son pasajeros, pero para mí es lo que siento al levantarme la mayor parte de mis días y la sensación con la que paso toda mi jornada y en muchas ocasiones, simplemente mi organismo me obliga a bajar o parar por completo mi actividad y quiéralo o no, a descansar.

Síntomas que se acompañan de la debilidad y caída del cabello y la erupción roja en las mejillas y la nariz, muy características y que identifican visualmente la enfermedad en muchas personas, lo que me ocurre también en manos y piernas, llegando en algún momento a afectar mi autoestima, en lo que ahora sé, son síntomas que para mí anteceden un brote. Mi sistema inmune, que se supone debe protegerme, actuando erráticamente y de una manera inexplicable aún para la medicina.

Esta es una situación en la cual no puedo intervenir para cambiar, que escapa totalmente a mi control y de lo cual soy consciente, profundamente respetuosa con mi enfermedad y con humildad, receptiva con sus señales y órdenes, con lo cual hoy no doy por sentada mi salud y soy parte activa para lograr mi bienestar.

En este contexto, cada día que me siento debilitada, elijo si tomar el papel de víctima por el resto de la jornada o decidirme por la opción de propiciar mi auto sanación física, mental y espiritual, no como algo mágico, sino producto de la decisión de hacerme cargo de mí misma, obteniendo de ello una de las mayores lecciones de vida, que aunque suene obvio, en la práctica no lo es tanto y es que somos los únicos responsables por lo que hacemos con nuestra existencia.

Sin embargo, aunque soy plenamente consciente de todos los beneficios en la salud que tiene hacer ejercicio físico, no disfruto hacerlo y de hecho me desagradan la mayor parte de las actividades que implique sudar y no me siento cómoda en los gimnasios, ¿predisposición genética? Puede ser que si, como lo afirman varios estudios, algo banal o más profundo tiene que ser la causa por la cual siento esta aberración por el ejercicio.

Empero, sé que el ejercicio moderado aumenta mis posibilidades de vivir más tiempo, controla el peso para poner menos presión en mis articulaciones, reduce el riesgo de padecer enfermedades cardiovasculares, diabetes y algunos tipos de cáncer, fortalece mis huesos y músculos y disminuye las molestias y el dolor crónico que me produce la inflamación.

Además de que reconozco que hay amplia evidencia científica de que hacer ejercicio mantiene nuestras habilidades de pensamiento, aprendizaje y juicio a medida que envejecemos; mejora nuestra salud mental y estado de ánimo, ayudándonos a lidiar con el estrés y reducir el riesgo de sufrir depresión; induce la formación de nuevas neuronas y contribuye a construir nuevas redes neuronales que al hacer un esfuerzo físico motivan a esas nuevas células a volverse más vivaces y ágiles a nivel cognitivo. Por lo cual, así el ejercicio no estuviera en mi top de prioridades, si lo es preservar mis funciones cerebrales y en general mi salud, por lo cual era imprescindible incorporarlo de alguna manera en mi vida, sin que ello implicara realizar grandes cambios que no estaba en disposición de realizar y tampoco me sentía capaz de mantener en el tiempo.

Entonces descubrí que para hacer ejercicio no debía ir a ningún lugar, inscribirme en ninguna clase y tampoco necesitaba hacer extenuantes rutinas para lograr un impacto positivo, ya que sin importar cuál sea la actividad física, esta no tiene que ser agotadora para ser efectiva para nuestro cerebro y en general para nuestro cuerpo.

En consonancia, empecé a hacer pequeños cambios, como usar ropa cómoda que me permita estar lista para moverme siempre, e incorporé el yoga, del cual ya tenía un previo conocimiento, como una práctica diaria en casa, donde priorizo la frecuencia sobre la intensidad y puede ir desde 15 hasta 45 minutos siendo condescendiente con lo que el estado de mi cuerpo y las limitaciones de mi enfermedad me permiten hacer cada día, aprendiendo sin imposiciones de ningún tipo a disfrutar enormemente de esta práctica.

En igual sentido hoy, conscientemente me muevo dentro de las actividades diarias como hacer la cama, lavar los platos, limpiar; camino llevando cosas de una habitación a otra y lo hago descalza cada vez que puedo, haciendo pausas activas de estiramientos periódicamente, especialmente si he permanecido mucho tiempo sentada, y juego con mi hija pequeña con frecuencia, ya que siempre nuestros pequeños nos obligan a movernos.

Cuando estoy fuera me comprometo a caminar, estacionando a propósito mi carro lejos del sitio a donde deba ir, permaneciendo de pie al hablar por teléfono, yendo al baño más lejano, subiendo las escaleras en lugar de usar las eléctricas o el elevador y si debo esperar de pie por un largo tiempo, opto por hacerlo en un pie alternando con el otro cada minuto, aprovechando así cada oportunidad que tenga para incorporar caminatas dentro de mi rutina.

Sé que esto está muy lejos de ser un admirable programa fitness de gran impacto, pero para los no deportistas como yo, el simple hecho de movernos trae más beneficio a nuestro cerebro que un sudoku avanzado, resolver una ecuación, leer y hasta pensar, protegiéndonos además de desarrollar trastornos neurológicos y en lo que personalmente he podido comprobar ha aumentado enormemente mi calidad de vida, mejorando mi ánimo, autoestima, energía y bienestar general con lo cual vale la pena intentarlo cada día.

De igual manera, hoy se sabe el gran efecto que tiene nuestra alimentación en nuestra salud, pero al mismo tiempo nos vemos bombardeados por la aplastante información contradictoria que existe sobre lo que es saludable y lo que no, tema sobre el cual muchos expertos y no expertos parecen tener una fuerte opinión, sin embargo, es posible encontrar consenso en ciertos puntos como el que nos lleva a pensar que el camino adecuado nos acerca a volver a lo natural.

Empero, ante la disyuntiva yo simplemente decidí apelar a la sensatez y encontrar lo que funciona para mí a través de tomarme el tiempo de notar como me siento cada vez que consumo un alimento, de esta manera, sin ninguna contraindicación de consumo y sin eliminarlos totalmente de mi dieta, poco a poco he ido paulatinamente disminuyendo el consumo de carnes rojas, carbohidratos, especialmente aquellos altamente procesados y productos con alto contenido de azúcar añadido, preservantes industriales, colorantes artificiales y gluten.

Por supuesto, sin afirmar que esto sea una única verdad de lo saludable, pero si una forma práctica a base de prueba y error y sin ninguna privación extrema a menos que haya una recomendación médica, para encontrar la dieta ideal que marcará la diferencia en nuestro organismo y tendrá un impacto positivo en nuestro bienestar.

En igual sentido, las comidas en mi hogar, son casi un momento ceremonial donde nuestra atención está en compartir y disfrutar de nuestros alimentos, constituyéndose en un momento sagrado que además nos hace plenamente conscientes de responsabilizarnos de nuestra alimentación para lograr el balance de comer poco y bien, ser frugales y priorizar la calidad sobre la cantidad con una alimentación rica y variada, en modestas raciones que nos permitan reducir la ingestión calórica por debajo de nuestro gasto energético.

Dejando así a un lado las culpas y los remordimientos, parando nuestro ruido mental de lo que está bien o mal y de lo que deberíamos o no deberíamos comer y permitiéndonos abandonar los extremismos y los excesos, aprendiendo también a estar en el presente, destinando un momento consciente para tomar nuestras comidas, que desde el equilibrio emocional y el sentido común nos lleven a poner nuestra atención en disfrutar plenamente de lo que consumimos, seleccionando espontáneamente aquellos que naturalmente nos brinden bienestar, sin olvidar que comer es uno de los mayores placeres de la vida.

Finalmente, al ser conscientes que somos una mente y un espíritu encarnados en un cuerpo físico a través del cual experimentamos nuestra existencia, esta materialidad y la espiritualidad no riñen sino que se complementan, pues es a través de la materia que cubrimos nuestras necesidades básicas y propender por el equilibrio de esta triada no es más sino la simple ecuación que nos puede prolongar la vida y nos ayuda a mantener la salud física, mental y espiritual para disfrutar de una vida plena.

CAPÍTULO 4
EL PODER DE LO SIMPLE

Para este momento y estando en este proceso, sentía que las experiencias me habían hecho ya lo suficientemente humilde como para minimizar todo lo superfluo, disipar las inseguridades y parar el ruido mental incesante, para trascender los juicios, ser menos reactiva y engancharme menos con las emociones. Sin embargo, en este estado en que mi consciencia ya no se identificaba con los personajes que había creado, también me era inevitable sentirme confusa, perdida y hasta abatida, ya que de alguna forma sentía que el desapego a lo que dejaba ir, amenazaba mi existencia.

La única opción que me quedaba entonces, era aceptar totalmente la incertidumbre, entendida como perder lo que para mí era, hasta ese momento, lo cierto y lo conocido en mi día a día, desde allí, emergió en mí una nueva presencia que cambió mi punto de referencia; ya no era el mundo exterior sino yo misma, ya que al conocerme mejor, las circunstancias podían cambiar, pero yo permanecía y la transformación real era llegar a ser quien realmente quería ser, sin pretender encajar en estereotipos sociales, empezando a descifrar realmente a qué vine al mundo y cuál era la verdadera sustancia de mi vida.

Sentía así una profunda necesidad de fluir con libertad y mayor desapego, sin excesos que abrumaran mi vida, en lo que interpreté como inteligentemente aprender a vivir sin que faltara nada, pero sin que sobrara tampoco.

RECUPERAR EL FOCO

Hoy en día desempeñamos muchos papeles y en mi caso, creí que para poder cumplirlos todos, debía ser multitarea, saltando de una actividad a la otra, tener horarios sobrecargados, siempre ocupada, autoexigente al extremo y por supuesto hiperactiva a un nivel que suponía lograr lo imposible, "la Omnipotencia".

La forma apresurada en la que llevaba mi vida fue paulatinamente socavando mi paciencia y me fue convirtiendo adicionalmente en una persona irascible, impulsiva, con cambios de humor frecuente y baja tolerancia a la frustración.

Pretender ser todopoderosa solo me llevó a vivir convulsionada, agobiada por la ansiedad, el estrés y la fatiga crónica que en mi vida se vio reflejado en desconcentración, olvidos frecuentes, postergación para el inicio o finalización de proyectos personales e inconsistencia e intermitencia en la realización de tareas cotidianas con el consecuente impacto en la gestión integral de mi vida, lo que finalmente se transformó en una insatisfacción permanente de no acabar nada que no fuera exclusivamente por la presión de tener la obligación de hacerlo, hasta que decidí centrar toda mi atención en una tarea a la vez.

Lo que no fue en su momento fácil ya que mi parte racional se resistía a aceptarlo y me llevaba a creer que era improductiva si no hacía miles de cosas al mismo tiempo, sin embargo, la certeza de que la atención es un recurso cerebral limitado me llevó a interiorizar la importancia de la total dedicación a una tarea, ya que incluso en aquellas cotidianas y sencillas, mi cerebro daba paso a la sincronía de tiempo y espacio que daba ocasión a un resultado de calidad, evitando dispersarme al poner conscientemente mi atención e intención en el proceso en el momento presente.

De esta forma, sin la atención dispersa en un sinnúmero de actividades, mi sentido común me llevó a definir las piedras angulares de cada jornada, y el uso del tiempo y la energía se enfocó desde entonces solo hacia aquellas acciones vitales que me permiten disfrutar de una mayor productividad con entregables concretos, quitando de mi día a día el estrés de todos aquellos distractores sin importancia y concentrando por completo todo mi esfuerzo y habilidad en aquellas acciones que hacen la diferencia de un día logrado.

Con esta determinación de tener una realidad exterior que reflejara armonía y equilibrio y me permitiera liberar y recuperar mi tiempo para enfocar mi atención en lo que realmente se constituirían como las piedras angulares de mi vida; se hacía necesario limpiar mi cerebro de todo aquello que consideraba era una distracción que me alejaba de lo que realmente tenía valor en mi vida.

Entonces, empecé a reconocer que en promedio podía pasar 8 horas diarias frente algún dispositivo electrónico por trabajo, información u ocio, tema nada insignificante si adicionalmente dormía en promedio 8 horas más y otro tanto lo pasaba en el quehacer diario o atascada en el tráfico. ¿Era así como quería que transcurriera mi vida?

Me percaté entonces, que a pesar de que había logrado desprenderme de toda la carga de noticias negativas que ya no veía, aún los medios seguían presentes en mi vida a través de la exposición a las diferentes pantallas, apelando permanentemente a mis inseguridades, pues el mensaje que dejan es que nunca somos lo suficientemente buenos porque siempre nos hace falta algo: belleza, salud, un mejor empleo, una pareja, perder kilos, un mejor carro, una mejor casa, un nuevo vestuario, la última tendencia de decoración o más dinero, ese algo externo que se suponía me haría feliz.

Adicionalmente, hoy las redes sociales y APPS están diseñadas para mantenernos enganchados el mayor tiempo posible a través de darle a nuestro cerebro una gratificación inmediata, inmiscuyéndose a cada segundo en nuestra vida, en pocas palabras volviéndonos adictos a ellas e inevitablemente incitándonos además a comparar permanentemente qué tenemos o no frente a lo que tienen los demás, en lo que muchos afirman es el jugoso negocio de la distracción.

Olvidándonos por completo que la mayor parte de las publicaciones solo involucran momentos felices o extraordinarios en la vida de las personas con una alta dosis de "maquillaje", haciéndonos creer que nuestras vidas no son tan interesantes, apasionantes, felices y perfectas como las que publican otros, reforzando subconscientemente falsos estereotipos e irreales estilos de vida, pero que sin duda nos hacen sentir unos seres incompletos.

Fue así cómo, involuntariamente y sin darme cuenta, fui formando parte de mi vida hábitos como interrumpir mis tareas y conversaciones por una notificación, un "me gusta", un correo electrónico, una compra en línea o una llamada que recibía en el celular tentándome a querer participar en todos los grupos, leyendo todas las informaciones que me llegaban, publicando u opinando permanentemente y como si fuera poco al finalizar el día no me desprendía de mi teléfono inteligente, prendía la televisión o seguía conectada al computador o la Tableta.

Sin darme cuenta que el uso que yo daba a la tecnología me generaba muchas distracciones, e inmersa en esta rutina; no era gratuita entonces la sensación de vacío, cansancio e impresión de haber pasado todo el día muy ocupada, pero a la larga sin haber invertido mi tiempo en lo que realmente quería hacer y generaba real valor en mi vida.

Comprendí entonces que la tecnología en vez de facilitarme la vida, me la complicaba, por lo cual decidí entonces utilizarla a mi favor, poniendo en funcionamiento las opciones que esta tiene a nuestra disposición a través de simples acciones como apagar las notificaciones, eliminar APPS y suscripciones innecesarias, silenciar los chats, suprimir la publicidad y establecer alarmas que me indican que estoy pasando más del tiempo que quiero permanecer conectada, teniendo cada día como resultado, más espacios en "modo avión" y con más presencia en mi vida, lapsos de tiempo que hoy son sagrados.

En adición, implanté pequeños cambios que en la mayoría de oficios se pueden aplicar, como evitar arrancar el día revisando el correo y respondiendo los chats y las llamadas en un momento en el cual no interrumpa la actividad que estoy realizando pues siendo honesta, mi función de hoy, así como el de la mayoría de personas que no pertenecemos a un organismo de emergencia, no requieren que estemos permanentemente en alerta.

Sin embargo, no solo mi mal uso de la tecnología estaba influyendo en mi vida, sino que esta falta de concentración por el incesante flujo de estímulos a mi cerebro al que estamos expuestos todos los días, me hizo creer que la vida rápida era imperativa. Además, desde mis creencias, si no estaba siempre ocupada y conectada, entonces perdía el tiempo y como resultado de esta creencia, tener mucho tiempo libre tenía una connotación negativa.

La paradoja es que a pesar de que para mí el vivir ocupada cada segundo del día era algo que consideraba bueno, en la práctica solamente iba apagando incendios sin concluir nada, con una larga lista de pendientes que paralizaban mi acción e incitaban a mi cerebro a vivir en el remordimiento de lo que no alcanzaba a hacer, la preocupación de las supuestas implicaciones que imaginaba tendrían no hacerlo y perderme el momento presente imaginando como sería el futuro si las hacía, desviándome permanentemente de mis verdaderas prioridades.

Decidí entonces cambiar por completo mi paradigma y realizar una tarea a la vez en bloques de tiempo, comprendiendo que nuestro cerebro únicamente ve aquello en lo cual decidimos centrar nuestra atención, estableciendo así un mínimo número de tareas de suma importancia como el eje central de mi actividad en el día y otras pocas secundarias pero necesarias, que aseguraban la funcionalidad de mi rutina, poniendo toda mi atención en ellas, entendiendo que nuestro cerebro se concentra en lo que los sentidos se enfocan en un momento dado de tiempo, para finalizar de esta manera satisfecha con un día que yo consideraba verdaderamente provechoso y logrado, al poner el foco en la intención para captar mi atención en la acción.

TODO A LA VISTA

Al ser una persona que vivía sumida en el perfeccionismo y la necesidad de control, también era planeadora y organizada en un nivel obsesivo, pero paradójicamente vivía en la contradicción de buscar la felicidad por fuera de mí misma, lo que inconscientemente se reflejaba en puntos de tensión y estrés físico, que cuando se acumulaban explotaban cada cierto tiempo.

Sin embargo, al vivir una vida que me llevaba cada vez más al interior que al exterior, inevitablemente también tenía como consecuencia adoptar un estilo de vida más simple, en el que las cosas pasan a ser lo que son, simplemente un medio para disfrutar de lo material pero no nuestra vida.

Surgió entonces en mí, poco a poco una imperiosa necesidad de que mi mundo reflejara esta claridad mental y la paz interna que iba emergiendo, empezando por crear una realidad exterior que me acercara a un entendimiento cerebral real de lo que significaba poner foco en el momento presente, viviendo conscientemente cada experiencia.

Para lograrlo era imprescindible soltar el pasado, que se manifestaba a través de los hábitos de vieja data que me hacían vivir en la culpa y el remordimiento, abandonar la ansiedad y el ajetreo de siempre estar haciendo algo por un profundo temor a desaprovechar el tiempo, y deshacerme de los objetos que vinculaba al amor, a las etiquetas o a los cometidos pasados y que aprovisionaba por mi profunda desconfianza e incertidumbre respecto a si en el futuro los llegara a necesitar, pero que ya no tenían relación con lo que ahora era o necesitaba, ni con el estilo de vida que llevaba.

Entonces, me di cuenta de que lejos de la visión de orden que perseguía en el pasado y que se originaba en el miedo y la necesidad de control y perfección, no quería una nueva creencia basada en una necesidad compulsiva de eliminar objetos y un patrón de orden que subyugara mi vida a través de la imposición de técnicas limitantes, sino que se trataba de encontrar el valor y la belleza en todo aquello que me rodeaba, apreciándolo realmente sin generar apegos obsesivos y así hallar el orden que a mí y a mi familia nos funcionara, para recuperar el tiempo, pues este, es la vida misma.

En este proceso descifré entonces que el simple hecho de tener todo a la vista y de fácil acceso me facilitaba ese camino hacia una vida práctica, coherente, armoniosa y productiva, porque detectaba fácilmente a diario y sin necesidad de hacer grandes purgas de días en mi casa, aquellos lugares que tendían a regresar al caos por la sencilla razón de que tenían exceso de cosas.

Entonces, cada día con menos apego por lo material, sin ninguna lista de pendientes y sin la carga ni el agobio que implica la necesidad de deshacerme y ordenar todo de un tirón, en mi día a día fui paulatinamente deshaciéndome de los contenedores de almacenamiento innecesarios, eliminando los productos vencidos, aquellos en mal estado, cosas que odiaba o que había comprado por impulso y no las usaba, objetos que perdieron su funcionalidad, aquellos que implicaban mucho que limpiar o mantener y ropa que me hacía sentir miserable.

El tener todo a la vista, me hizo además poder ver las cosas que me inspiraban realmente y efectivamente disfrutarlas y usarlas, obligándome a contemplarlas de una manera diferente y sentirme plenamente feliz por gozarlas día a día, agradeciendo por tenerlas, beneficiándome realmente de todo lo que me brindaban con un real sentido de aprecio y gratitud por ellas.

Fue así como a través del espacio abierto, el orden personal, la comodidad, la funcionalidad, la practicidad y el significado personal de belleza, que en mi familia, erradicamos la saturación para permitir que siempre llegue lo nuevo, logramos crear un sistema individual teniendo como premisa que debe simplificarnos y facilitarnos el día a día en el cual podemos encontrar absolutamente cualquier cosa o la gran mayoría de ellas sin esforzarnos en absoluto y sin perder el tiempo.

Entendiendo que cada hogar es diferente porque en él salen a relucir nuestras diferencias y las distintas prioridades y modos de ver el mundo, por lo tanto, lo que funciona e implica una necesidad para unos, no lo es en absoluto para los otros; por lo cual la practicidad, la funcionalidad, la belleza y el concepto de orden no sigue un patrón determinado ni pueden encasillarse en una metodología determinada sino que por el contrario deben ser flexibles, tolerantes y respetuosos con todos los que allí habitan, permitiendo así que nuestras casas nos brinden claridad y sosiego y sean un verdadero santuario placentero y privado que refleje nuestra esencia y el estado interior de quiénes allí habitamos.

RETRO AGENDA

Con ansía de control, en el pasado me encantaba hacer listas de tareas y atiborrar de actividades mi agenda, lo que para mí tenía el objetivo de no perder el tiempo, paradójicamente eran listas que no cumplía, que quedaban a medio hacer o que aun así las cumpliera, no tenían ningún impacto importante en mi vida.

Listas de tareas que en realidad se generaban desde la competencia con los demás, el perfeccionismo, la preocupación, la enfermedad, la carencia, las limitaciones, las culpas, las perdidas, como una forma evasiva de autoengaño de sentir que siempre estaba haciendo algo, pero que en realidad escondían una hiperactividad sin sentido por el temor de no ser, tener o hacer suficiente.

Al ceñir mi hacer diario en una sola tarea a la vez, como una nueva manera de abordar mi rutina, con el tiempo me encontré ignorando las listas de tareas y las agendas programadas de lo que se suponía debía hacer, saliendo espontáneamente de mi zona de confort y simplemente haciendo lo que realmente tenía que hacer y representaba un gran impacto positivo en mi día, aceptando así que realmente no todas las tareas y citas que antes me imponía, eran importantes y conectando verdaderamente mi acción con mi propósito, encontrando que los resultados evidentes y tangibles en entregables concretos, realmente se obtienen de hacer pocas cosas pero hacerlas bien.

Así mismo descubrí que contrario a lo que pensaba, mi agenda y mis listas de tareas no debían ser complejas y abrumadoras para ser efectivas, porque a la larga por experiencia había comprobado que al ser multitarea e intentar ser omnipresente, así logrará completar muchas de las actividades, estas me dejaban una gran carga de estrés, ansiedad, perdida de sueño, irritabilidad y daños a mi salud que con el tiempo siempre generaban unos pobres resultados al no poder cumplir con todo y una permanente sensación de agobio y desasosiego mental de siempre tener mi cerebro lleno de pendientes.

Como resultado de esta nueva rutina, empecé a dejar de verme a mí misma como una persona con poco tiempo, que tiene que hacer miles de cosas en su día a día y en su lugar empecé a percibirme como un ser humano con un motivador propósito real de vida que trabaja a diario por conocerse a sí misma, hacer de si su mejor versión y desde un estado de paz interior inspirar y enriquecer su acción para ponerla al servicio de los demás.

Este nuevo acercamiento me permitió obtener grandes resultados porque mi acción empezó a estar alineada con un propósito y mi cerebro aprendió que todo es alcanzable si se prioriza, lo que en una enfermedad que merma mi energía, significa que toda mi fuerza está enfocada en las cosas importantes, entendiendo que las acciones para lograr el éxito son secuenciales y no simultáneas.

Sin embargo, tengo que reconocer que este nuevo abordaje, implicó adquirir la disciplina de eliminar por completo los distractores en mi vida, lo que en principio no fue nada fácil porque la tecnología es cada vez más omnipresente y da la impresión que se inmiscuye permanentemente en nuestra rutina y nuestro cerebro por su parte se resiste a abandonar la tendencia a ser multitarea, lo que hizo que retornar conscientemente a las prioridades fuera en su momento todo un desafío, pero que hoy por hoy se ha constituido en una habilidad interiorizada.

Para ello, retomar nuevamente el hábito de escribir en papel a lo que yo llamé "Retro Agenda" me permitió obviar de un solo tajo las distracciones en momentos puntuales y cruciales de mi rutina, especialmente aquellas tecnológicas, e iniciar mi día reconectando con el momento presente, direccionando mi cerebro hacia las prioridades, diseñando sobre ellas las tareas vitales del día y memorizando la información importante.

Así, el ejercicio de escribir, me permitió activar más rápidamente mi cerebro e iniciar el día teniendo claras las prioridades y lo realmente importante, e identificar más fácilmente aquellos momentos donde me distraía y me dispersaba, retornando naturalmente a la actividad y concentrándome nuevamente en ella con más rapidez, encontré además, que cuanto más limitado el periodo de tiempo disponible para ejecutar una tarea, más productiva era, ya que mi cerebro se ciñe a lograr el resultado en el rango de tiempo con el cual cuenta.

Comprendiendo que para obtener un resultado de calidad debemos realizar las tareas con toda nuestra atención en ellas, lo que en la práctica implica dejar las divagaciones de nuestra mente y estar realmente en el presente, aprendiendo así a imprimir un sello de dedicación y pasión en todo lo que hago, encontrando que incluso en aquellas tareas que no son tan placenteras de hacer, hoy en día las puedo realizar desde la aceptación de que es lo que necesito hacer y es lo que se requiere de mí en el momento, sin asomo de queja ni malestar; y por supuesto, las que amo hacer, las realizo desde el gozo y el disfrute total como uno de los mayores regalos de la vida.

NOTA DE LA AUTORA

Gracias a la experiencia de vivir con una enfermedad volátil como el lupus, comprendí que la vida es maravillosamente imprevisible e imperfecta, con lo cual he aprendido a abrazar la incertidumbre como parte normal de mi existencia, certeza con la cual me olvide por completo de aplazar y dejar mi vida pasar ante mis ojos esperando un futuro inexistente y concentrando toda mi atención y energía en lo que realmente tiene importancia para mí y se constituye en las piedras angulares de mi vida, actuando decididamente sin pensar que el día de mañana será mejor que el día que estoy viviendo hoy, disfrutando conscientemente lo que ahora soy, hago y tengo, sabiendo que no hay mejor momento que ahora y teniendo la certeza de que mi felicidad no depende de nada externo ni de un mañana que llegará.

Con ello es mi deseo que a través de la lectura, haya podido percatarse de que es posible vivir no a pesar de los desafíos sino a causa de ellos y que la felicidad es una decisión personal en el ahora y no un fin que debamos esperar. Siendo así, me sentiría enormemente complacida.

Si desea contactar conmigo, estaré gustosa de escucharle, por favor envíeme un correo electrónico a través de: https://legadosbymariamontero.com/contacto/. Estaré en contacto con usted a la mayor brevedad.

Blogs asociados:

https://legadosbymariamontero.com/ Inspiracional

https://dailymoneytools.com/ Finanzas Personales

¡GRACIAS!

Sé que antes de elegir esta lectura, tuvo múltiples alternativas, por ello no tengo palabras para expresar el profundo agradecimiento que siento de que se haya decidido por esta. Por ello si le gustó este libro, le inspiró y lo ha encontrado enriquecedor para su vida, me encantará conocer su testimonio y le estaría enormemente agradecida si deja su opinión en Amazon. su apoyo me es sumamente valioso e importante.

Puede dejar su opinión en la página de este libro en Amazon o en cualquiera de los siguientes apartados: "Opiniones de Clientes", "Customer Reviews" o "Write a Customer Review" en Amazon.com

¡Gracias por su apoyo!

Made in the USA
Columbia, SC
21 December 2020